सारा आकाश : पट कथा

सारा आकाश : पटकथा

राजेन्द्र यादव, बासु चटर्जी

राजकमल प्रकाशन

ISBN : 978-81-267-1445-2

मूल्य : ₹495

पहला संस्करण : 2007
दूसरा संस्करण : 2021
पहली आवृत्ति : 2022

प्रकाशक : राजकमल प्रकाशन प्रा.लि.
1-बी, नेताजी सुभाष मार्ग, दरियागंज
नई दिल्ली-110 002

शाखाएँ : अशोक राजपथ, साइंस कॉलेज के सामने, पटना-800 006
पहली मंजिल, दरबारी बिल्डिंग, महात्मा गांधी मार्ग, प्रयागराज-211 001
1, अनमोल सोराबजी संतुक लेन, धोबी तलाव, मरीन लाइंस, मुम्बई-400 002
वेबसाइट : www.rajkamalprakashan.com
ई-मेल : info@rajkamalprakashan.com

मुद्रक : बी.के. ऑफसेट
नवीन शाहदरा, दिल्ली-110 032

SARA AAKASH : PATKATHA
by Rajendra Yadav & Basu Chatterjee

सारा आकाश : पटकथा

आमुख

1969 के आरम्भिक दिनों में मैंने दो मुख्य फ़िल्में (फीचर फ़िल्म) बनाने में मदद की थी और अपने को एक मुख्य फ़िल्म निर्देशन के योग्य मान रहा था। मैं इधर-उधर एक कहानी तलाश रहा था। मेरे मित्र और सहयोगी अरुण कौल ने राजेन्द्र यादव की कहानी 'सारा आकाश' का सुझाव दिया। उसकी एक प्रति उनके पास थी, उन्होंने मुझे दे दी। एक शाम मैं उसे एक ही साँस में पढ़ गया और मैं अभिभूत ही था। मैंने इस कहानी पर अपनी पहली फ़िल्म बनाने की योजना बनाई। अन्य कलाओं के विपरीत फ़िल्म बनाना एक महँगी प्रक्रिया है। इस योजना पर पैसा कौन लगाएगा ? उसी समय फ़िल्म फाईनेंस कारपोरेशन ने अच्छी फ़िल्मों में सहयोग के लिए ऋण देने की नीति में संशोधन करके अच्छी फ़िल्मों के प्रोत्साहन के लिए सीधे कर्ज देना तय किया। मुझे 'सारा आकाश' बनाने के लिए कर्ज़ दे दिया गया। मैंने लेखक राजेन्द्र यादव से उसके अधिकार माँगे। एक फ़िल्म के रूप में 'सारा आकाश' के पूरे हो जाने के काफी बाद मैं जान पाया कि मैंने कहानी का पहला भाग ही पढ़ा था, दूसरा भाग पढ़ा ही नहीं था। इसे फ़िल्म पूरी हो जाने के बहुत बाद पढ़ा।

इसकी पटकथा लिखवाने के लिए मैं एक स्थापित लेखक के पास गया। विषय को लेकर उनका दृष्टिकोण और लिखने का तरीक़ा मुझे पसन्द नहीं आया। सहायक निर्देशक का काम करते हुए मैंने फ़िल्म 'सरस्वती चन्द्रा' के लिए कुछ दृश्य लिखे थे। उन्हें स्वीकार किया गया और पसन्द भी किया गया। इसके पहले 'तीसरी क़सम' के निर्माण के दौरान जब मैं पहली बार एक सहायक निर्देशक के रूप में काम कर रहा था, मैं उसके साथ लिखने, चलचित्रण करने और सम्पादन में गहराई से जुड़ा था। अतः मैंने चुनौती को स्वीकार किया और पटकथा स्वयं लिखने का निर्णय ले लिया। 'सारा आकाश' एक जटिल कथा के रूप में लिखा गया था। लेखक ने सपाट रास्ता नहीं चुना था, इसीलिए इसने मुझे ज़्यादा आकर्षित किया था। दृश्यों को मैंने यथासम्भव वर्णन के निकट रखा है। चूँकि लेखक ने कहानी फ़िल्म के लिए नहीं लिखी थी, अतः उसमें बहुत-सी बातों का विवरण दिया गया है जिनको दृश्यों में रूपान्तरित करना एक चुनौती थी।

उदाहरण के लिए नायक का एक मित्र फुटबॉल के एक खेल का वर्णन करता है जिसमें वह उत्कृष्ट खिलाड़ी था, उस समय नायक अपनी विमुख पत्नी की याद में खोया हुआ था। इन दोनों को सम्मिलित कैसे किया जाए, वह भी दृश्यों के माध्यम से इसका रास्ता मुझे खोजना था। ऐसे ही कई स्थान हैं जहाँ नायक अतीत और भविष्य के बारे में बहुत कुछ सोच रहा है। छठे दशक के मध्य में मैंने अनेक यूरोपीय और रूसी फ़िल्में देखी थीं। वे अपने विवरण में अद्भुत थीं। मुझे ऐसे दृश्य लिखने में इनसे सहायता मिली। पटकथा लिखने के बाद मुझे इसे विक्रम सिंह को दिखाने का अवसर मिला। वे अपने समय में *टाइम्स ऑफ इंडिया* के सर्वश्रेष्ठ फ़िल्म आलोचक थे। उन्होंने मेरे प्रयास की सराहना की और मुझे फ़िल्म बनाने के लिए प्रोत्साहित किया। और 'सारा आकाश' बन गई। 1970 में फ़िल्मफेयर के समारोह में इसे वर्ष की सर्वश्रेष्ठ पटकथा घोषित किया गया। निर्देशन के लिए इसकी सिफारिश राष्ट्रीय पुरस्कार के लिए भी की गई। इसके कैमरामैन को सर्वश्रेष्ठ छायाचित्रण के लिए पुरस्कार भी मिला।

'सारा आकाश' के बाद मुख्यतः हिन्दी और बंगला में मैंने कई कहानियाँ पढ़ीं। मैंने मन्नू भंडारी की कहानी 'यही सच है' पढ़ी। 'सारा आकाश' की तरह इसे भी मैं एक साँस में पढ़ गया और मुझे लगा कि एक मुख्य फ़िल्म बनाने के लिए यह उत्कृष्ट सामग्री है। 'यही सच है' एक और जटिल कहानी थी–यह दो भिन्न शहरों की दो स्त्रियों के विचारों को लेकर लिखी गई थी। मैंने कहानी को दृश्यात्मक जामा पहना दिया। मैंने लिखना शुरू किया, इसको पूरा करने में मुझे कई महीने लग गए। एक बार मैं और अरुण कौल जब ट्रेन से मद्रास (अब चेन्नई) जा रहे थे तब मैंने पटकथा अरुण को पढ़ने को दी। वह एक बार में ही सारी पढ़ गया और उससे काफी प्रभावित हुआ। इससे मुझे इस बात का साहस मिला कि जब भी अवसर मिले मैं इसे बना डालूँ। और वह अवसर शीघ्र ही आ गया। निर्माता सुरेश जिन्दल अमेरिका से लौट आए थे। वहाँ उन्होंने 'सारा आकाश' देखी थी। वह अपने लिए एक फ़िल्म का निर्माण कराने के लिए मेरे पास आए। उन्होंने मुझे अपनी मनपसन्द कहानी चुनने की आज़ादी दी। 'यही सच है' की पटकथा मेरे पास तैयार थी। मेरे पास उस समय एक और विषय भी था, लेकिन मैंने 'यही सच है' चुना। उसका शीर्षक अब 'रजनीगन्धा' रखा गया। इसकी पटकथा लिखने के लिए मुझे कई छोटे दृश्यों का सहारा लेना पड़ा था। साधारणतया ऐसे छोटे दृश्य पटकथा में नहीं लिखे जाते हैं। पर मेरे अनुसार वे आवश्यक थे। नायिका के सोचने की एक लम्बी प्रक्रिया है–वह अपने वर्तमान तथा कुछ समय पहले खोए हुए प्रेमी को लेकर मानसिक द्वन्द्व की स्थिति में थी।

ऐसे द्वन्द्व का दृश्यांकन करना एक चुनौती की बात थी, पर वे प्रभावशाली ढंग से किए गए। कहानी को पटकथा में बदलते समय मेरे पास अनेक विकल्प थे, पर जैसा कि मैं अब देखता हूँ, मैंने सही विकल्पों का चुनाव किया था। लेखिका मन्नू भंडारी को भी आश्चर्य था कि कैसे ऐसे जटिल पात्र को प्रभावशाली ढंग से मुख्य फ़िल्म में बदला जा सकता है। फ़िल्म के मुख्य पात्रों को उभारने के लिए, उनके चरित्र-चित्रण के लिए कई दृश्य विशेषकर लिखे गए थे।

'रजनीगन्धा' को तत्काल सफलता मिली। उसे कई पुरस्कार मिले। उसे फ़िल्मफेयर का मुख्य फ़िल्म और पटकथा के लिए सर्वश्रेष्ठ पुरस्कार मिले। यह एक पहली मुख्य फ़िल्म थी जो बंबई तथा अन्य शहरों में 25 सप्ताह से ज़्यादा चली।

—बासु चटर्जी

एक अन्तरंग 'सारा आकाश'

रास्ते में बासु चटर्जी ने एक सवाल किया, "जिस समय आपने यह उपन्यास लिखा, उस समय किस तरह के घर की कल्पना की थी?"

बीस-इक्कीस साल के बाद भी मुझे दिक्कत नहीं हुई, "जिस घर में यह कहानी घटित हुई, उसे तो शायद आज तक मैंने बाहर से भी नहीं देखा। हाँ, उस समय जो घर मेरी सारी मानसिक बनावट का अंग था, उसे जरूर आपको दिखा दूँगा।"

फ़िल्म की प्रारम्भिक स्थिति थी और बासु, महाजन और मैं तीनों आगरा जा रहे थे, शूटिंग के लिहाज से जगहें देखने। बासु ने बताया था, "मेरे सामने दो ही दिक़्क़तें हैं। एक मेरी अपनी है और एक फ़िल्म के लिए सही जगह को लेकर है। अपनी दिक़्क़त यह है कि मैं अपने-आपको कन्विंस नहीं कर पाता; नव-विवाहित पति-पत्नी दोनों एक साथ, एक ही कमरे में रहें और आपस में बिलकुल न बोलें। यह समय कम करना होगा। दर्शक इस 'न बोलने' के तर्क को गले नहीं उतार पाएगा।"

मेरा कहना था, "वास्तविक जीवन में तो वे लोग नौ साल इसी तरह रहे, आपस में बिलकुल नहीं बोले। उपन्यास लिखते हुए आपकी तरह मुझे भी लगा था कि नौ सालवाली बात कोई मानेगा नहीं, इसलिए घटाकर वह समय साल-भर कर दिया गया।"

"दर्शक के लिए एक वर्ष भी बहुत है। कोई ठोस कारण नहीं है, इसलिए स्क्रिप्ट में छह महीने कर दिया है।"

"मैं स्क्रिप्ट की बात नहीं समझता। जिस चीज़ को नहीं जानता, उसमें दखल नहीं देता। मैं तो केवल वही जानता हूँ, जो वास्तव में हुआ था। समर साहब तो इस समय विदेश में हैं। हाँ, प्रभाजी लौटने के बाद संयोग से आगरा में ही हैं, उनसे मिलकर हम लोग कोई ठोस कारण तलाश करेंगे।"

सबसे पहले हम लोग 'पुराने घर' गए। तब साझा घर था और चाचा-ताउओं में चार बाहर नौकरियों पर रहा करते थे, दो वहीं थे। एक को तीन साल की उम्र में कबूतरों का साथ मिल गया था, जो अस्सी साल तक रहा। वे कबूतरों की तरह

हम लोगों की भी घेर-घार किए रखते। कबूतरों के बारे में वे इतना जानते थे, जितना दुनिया में बहुत कम लोग जानते होंगे। कभी आगरे का सबसे बड़ा कबूतरी फ्लीट उनका था और वे दसियों बरस से ख़लीफ़ा चुने जाते थे। पढ़ाई के सिलसिले में हमें यहीं रहना होता था। पाँच-छह आँगन का लम्बा-चौड़ा मकान, मुख्य सड़क से गली के आखिरी छोर तक पहुँचता हुआ। कुछ हिस्से 'आधुनिक' बना दिए गए थे, कुछ वही पुराने बेढंगे, ककइयाँ ईंटों के बने—चौबारे, तिबारे, गलियारे, नीचे दरवाज़े और बहुत पतली, खड़ी घुमावदार सीढ़ियाँ। नीचे का हिस्सा ख़ाली रहता। वहाँ नल, गुसलख़ाना, लकड़ी-कंडों की कोठरियाँ और गोदाम। अँधेरा रहता था और वहाँ कुछ जगहों को लेकर बड़ा रहस्य और आतंक समाया रहता। दो-एक जगह तो नीचे की मंज़िल पर सीढ़ियाँ ख़त्म होने के बाद भी घूमती हुई कहीं और चली जाती थीं; लेकिन वहाँ धूल और जालों से लदे तालेबन्द किवाड़ थे, जिनकी चाबियाँ खो गई थीं। बताया जाता था कि ये तहख़ाने के दरवाज़े हैं और इनमें जमुना तक या जाने कहाँ तक जाने की सुरंगें हैं। पुराने मुगल बादशाहों के ज़माने का घर है और उसमें बीरबल या टोडरमल या पता नहीं किसकी रिहाइश थी, या शाही टकसाल थी। बहरहाल, ये सब हर घर की 'गौरव गाथाएँ' हैं और उनमें सच्चाई कितनी होती है, कोई नहीं जानता। किसी छोटे-मोटे सिपहसालार का मकान रहा होगा—बीरबल-टोडरमल वहाँ क्यों आएँगे? ख़ैर, पहले भय और फिर उदासीनता के कारण मकान के कुछ हिस्से यों ही बने रहे, कुछ हिस्सों में भूत-प्रेत भी जोड़ दिए गए। हाँ, नए हिस्से जुड़ते जाने के बावजूद, मकान में दो-ढाई सौ साल पुरानेपन की गंध थी। बिना किसी योजना या प्लान के वह अजीब भूल-भुलैया बन गया था। उसी गंध और बेढंगेपन में गेंद-टप्पा, गुल्ली-डंडा लेकर भरी दोपहर में छतों पर कबूतरबाजी और पतंगें उड़ाने में बचपन और कैशोर्य बीता था। शायद कुछ ऐसा लगाव था कि भाइयों के आपसी बँटवारे के बाद पिताजी ने उसी मुहल्ले में दूसरा मकान बनवा लिया, तब भी मैं चार महीने 'अपने कमरे' में ही जमा रहा—नई जगह के साथ कोई एसोसिएशन नहीं था। फिर बाहर रहने का सिलसिला शुरू हुआ, तो एकाध-दिन के लिए आगरा रुके, यार-दोस्तों से घिरे रहे और वापस 'पुराने मकान' में गए दसियों साल गुज़र गए...सम्बन्ध भी उतने खींचनेवाले नहीं रह गए थे कि किसी भी तरह समय निकालकर वहाँ जाने की बात सोची जाती।

महाजन और बासु के साथ सारे घर को नए सिरे से घूम-घूमकर देखना सचमुच

रोमांचकारी अनुभव था। एक-एक हिस्से को नए व्यक्ति की तरह अपने लिए अन्वेषित करना...एक बहुत पुराने अलबम से गुज़रना। किराएदार भर दिए गए थे, ख़स्ता जगहें और भी धसक और उखड़ गई थीं, सफ़ेदी-मरम्मत नहीं हुई थी—एक ज़ीने से दूसरे ज़ीने, एक आँगन या छत से दूसरे में जाते हुए इस हाल पर शर्म भी थी और गर्व भी, भाग जाने का मन भी होता और रुक-रुककर देखने का भी—एक कचोट—कभी यह 'मेरा घर' था, आज सिर्फ 'हमारा पुराना घर।' रह-रहकर मुझे लगता था, जैसे घर बोलता हो; क्या मैं पूरा उपन्यास नहीं हूँ? मैं अपराध और संकोच से अपने को सान्त्वना देता रहा : कभी चार-छह महीने लगातार अपने मुहल्ले में रहूँगा, दो-तीन दशक पीछे छूटी हुई दुनिया को जगाऊँगा और उपन्यास लिखूँगा...एक शव-साधना ही सही...

वापस आकर बासु और महाजन कुछ नहीं बोले। चाय पीते हुए महाजन ने ही शब्द दिए, 'फैं टास्टिक...'

"यही कमरे, यही छतें, ये ही दालान, ज़ीने और टट्टर थे मेरी चेतना में, जब यह उपन्यास लिखा था..."

"शूटिंग के लिए यह घर नहीं मिलेगा?" बासु स्क्रीन पर देख रहे थे, वहीं से पूछा।

"बासु दा, ये तो बना-बनाया सेट है, बंबई में तो ऐसा सेट बना सकना ही..."

"यही मिल जाएगा..." मैंने दृढ़ता से कहा। हालाँकि बाद में बातें इतनी आसानी से नहीं हुईं। मुहल्लेवालों की कल्पना थी कि फ़िल्म कम्पनी का मतलब है, क्लार्क-शीराज़ में ठहरकर ताजमहल और सीकरी की शूटिंग करनेवाले लोग; 'मुगलेआज़म' के सेट्स...पहली निराशा तो यही कि अपने मुहल्ले और इस पुराने घर में शूटिंग? बाद में निराशा यह कि ये कैसे फ़िल्मवाले हैं, जो ऐसे कुर्ते-पतलूनें पहने दुकानों पर जलेबी-कचौड़ी खाते फिरते हैं...न लम्बी-चौड़ी गाड़ियाँ, न झटकेदार हीरो...चलो, फिर भी छोटा-मोटा तमाशा ही सही...

घर तय हो गया। दो दिनों गलियों और दूसरे मुहल्लों के चक्कर लगाते रहे। स्क्रिप्ट में कुछ बातें थीं, जो तय नहीं हो रही थीं। बासु भी मेरी ही तरह उस 'पुराने लड़के' को देख रहे थे, जो सिनेमा या मैच देखने मथुरा से आगरा भागकर आया करता था—घंटे-भर का रेल सफ़र। बासु का बचपन भी मथुरा में ही बीता था। हम दोनों का यथार्थ एक ही था। पहले तो 'प्रभा' भाभी बहुत भड़कीं कि हमने उनके 'समर' को बिना उन्हें बताए दुबारा अमरीका भगा दिया और न उनका कोई ख़याल किया, न ख़बर ली। फिर शान्त हुईं। लाइन पर आईं, तो मैंने इन लोगों

की समस्या बताई, "भाभीजी, आप लोग शादी के बाद नौ साल नहीं बोले, इस बात का बासुजी को विश्वास नहीं है।"

"न मानें, जो हमारे साथ हुआ, उसे हमसे ज्यादा कौन जानेगा?" वे भी उन्हीं पुरानी गलियों और सींखचेदार खिड़कियों में पहुँच गई थीं, "हम खाना दे देते थे, बिस्तर कर देते, कपड़े धो देते, कमरा साफ़ कर देते, पर बोलता कोई नहीं था। ये सारे दिन कॉलेज रहते, ट्यूशनों पर जाते–सुबह के निकले रात को लौटते। आपको तो सब पता है, जब बोले थे, तो आपके पास ही तो भागे गए थे सुबह-सुबह।"

और भाभीजी ने धीरे-धीरे सारी बातें, जो उपन्यास में हैं और नहीं हैं, क्रमशः पुनः जीनी शुरू कर दीं...बासु के सामने फ़िल्म खुलती रही और मैं सोचता रहा कि जो कुछ हुआ था, यह सब उपन्यास में कहाँ आ पाया है? 'घर' आकर हम लोग फिर उसी न बोलने के कारण पर बहस करते रहे। अपना तर्क मैंने बाद में भी कई जगह बताया है : न बोलने का कारण किसी घटना या बात में नहीं, इतिहास और संस्कारों में है। संस्कार डालने के नाम पर हमें कुछ झूठे-सच्चे 'महान आदर्श' दे दिए जाते थे...कुछ महान पुरुष थे, जो इतिहास के पन्नों में और हमारे भीतर हमें अपना जैसा बनाने के लिए धमाचौकड़ी मचाए रहते थे। तपोभ्रष्ट ऋषि, ब्रह्मचर्य की महिमा, शिवाजी से लेकर दयानन्द तक की महानता–किसी भी विराट लक्ष्य के लिए नारी बाधा है, उसका आकर्षण, साधक और तपस्वी को रास्ते से भटका देता है और वह उसी 'अस्थि चर्ममय देह' के मोह में फँसकर सारी ऊँचाइयों से मुँह फेर लेता है...इसलिए हमारे राष्ट्रीय महापुरुषों या हीरोज़ ने नारी को त्यागा है, राम ने सीता को त्यागा, कृष्ण ने राधा को छोड़ा, नल ने दमयन्ती को, दुष्यन्त ने शकुन्तला को, बुद्ध ने यशोधरा को, भर्तृहरि ने पिंगला को...नेहरू और सुभाष जैसे नेताओं के सामने यह बाधा रही ही नहीं। समर भी तो आदर्शों, सपनों और महत्त्वाकांक्षाओं में जीनेवाला प्राणी है, वह बिना सींग-पूँछ हिलाए कैसे इस जाल को स्वीकार करेगा? और हम लोगों ने तय कर लिया कि 'चलेगा'।

लेकिन अब सवाल 'सारा आकाश' की आज की प्रासंगिकता को लेकर था। बासु समय बदलकर उसे आज की आधुनिक कहानी बनाना चाहते थे। शुरू में मेरा तर्क था कि उसके समय को बिलकुल न बदला जाए। फिर लगा कि समय पर उस हद तक चिपकना ही उसे अप्रासंगिक बनाएगा। नई दिल्ली, कलकत्ता, बंबई या दो-एक बड़े शहरों की बात छोड़ दीजिए और आज के किसी भी नगर में देख लीजिए, क्या वास्तविकता बहुत अधिक बदल गई है? टेरिलीन, ट्रांजिस्टरों और स्कूटरों के बावजूद ज़िन्दगी वही है, वैसी ही है। दो-तीन महानगर बरगदों

की तरह बढ़ते चले जा रहे हैं और आसपास का गतिशील युवा उनकी ओर दौड़ा चला आ रहा है। वहाँ की घुटन और सड़ाँध से ऊबकर मौलिक परिवर्तन करनेवाला कोई नहीं रहता। युवक वहाँ अब केवल छुट्टियों में जाते हैं और वहाँ की गतिहीनता और जड़ता से दुखी होकर परिवर्तन की बात सोचते हैं कि लौटने का समय हो जाता है। खुद 'सारा आकाश' उपन्यास का अन्त भी यही है। सामाजिक सुधार करनेवाले युवकों की जो पीढ़ी बीस साल पहले आई थी, वह अपने यथार्थ से कटकर किसी न किसी मशीन का पुर्जा रह गई है। परम्परागत विवाह की रस्में अब और ज़ोर से मनाई जाने लगी हैं। रोशनी और भाँगड़ा, ज़िन्दगी की दैनिक जड़ता को घंटे भर के लिए तोड़कर फिर वहीं वापस भेज देते हैं। ब्लैक-मनी की छाया में दहेज और सामाजिक हैसियत की माँग पहले से बढ़ गई है और मेरा विश्वास दृढ़ होता जाता है कि जब तक विवाह कराने की डोर माँ-बाप के हाथों में है, 'सारा आकाश' की सच्चाई ज़िन्दा है। लड़के-लड़कियों को आपस में एक-दूसरे को समझने की यातनाओं से गुज़रना ही है, एडजस्टमेंट की तकलीफ़ें करनी ही हैं।

हाँ, ऊपरी डिटेल्स ज़रूर बदल गए हैं : लड़कियाँ मैट्रिक नहीं; बी.ए. और एम.ए. होती हैं; लड़के इंटर का इत्मिहान नहीं, प्रतियोगिता की तैयारियाँ करते हैं, लेकिन उनके आपसी सम्बन्ध कहाँ बदले हैं? एक-दूसरे के यहाँ जाकर लड़की या लड़का देख लेने, डटकर नाश्ता करके उनके रहन-सहन के स्तर पर बातचीत कर लेने से ही तो आपस की दूरियाँ नहीं मिट जातीं। परिचय, स्वभाव और एक-दूसरे की मानसिक बनावट के उतार-चढ़ाव से तो उन्हें खुद ही सफ़र करना होता है। 'सारा आकाश' के समर-प्रभा एक-दूसरे से नहीं बोलते, लेकिन इस नए जोड़े के बीच ही कौन-सा 'संवाद' होता है? और क्या बरसों उनकी ज़िन्दगी में 'संवाद' का वह आत्मीय क्षण आ पाता है? क्या अधिकांश जोड़ों की ज़िन्दगी एक काम-चलाऊ बातचीत में ही नहीं गुज़रती रहती? ऐसी 'बातचीत' प्रभा-समर बिना बोले भी करते ही रहते हैं। पचास साल पहले की बात होती, तो शायद बच्चे भी हो जाते...कुछ लोगों ने जब 'सारा आकाश' को हू-ब-हू अपनी ज़िन्दगी बताया और कुछ ने जब कन्धे उचकाकर झटके से कह दिया, 'आजकल ऐसा नहीं होता...' तो सचमुच मुझे आश्चर्य ही हुआ। खुद संवादहीनता के एक काम-चलाऊ एरेंजमेंट के तहत जीनेवाले ये लोग क्या प्रतीकार्थ बिलकुल नहीं समझ पाते ?

शायद इसलिए मैं और बासु अन-कहे ही एक नतीज़े पर आ गए थे कि 'सारा आकाश' की ट्रेजडी किसी सन्, समय या व्यक्ति-विशेष की ट्रेजडी नहीं, खुद

चुनाव न कर सकने की, दो अपरिचित व्यक्तियों को एक स्थिति में झोंककर भाग्य को सराहने या कोसने की ट्रेजडी है, संयुक्त परिवार में जब तक यह 'चुनाव' नहीं है, सँकरी और गन्दी गलियों की खिड़कियों के पीछे लड़कियाँ 'सारा आकाश' देखती रहेंगी; लड़के दफ्तरों, पार्कों और सड़कों पर भटकते रहेंगे, 'एकान्त आसमान' को गवाह बनाकर अपने आपसे लड़ते रहेंगे, दो नितान्त अकेलों की यह कहानी तब तक सच है, जब तक उनके बीच का समय रुक गया है!

इन कुछ बातों पर सहमत हो जाने के बाद कहानी को पूरी तरह बासु के हाथों में छोड़ देने में मुझे कोई अड़चन नहीं रही; ट्रांजिस्टर और विविध-भारती मुझे बिलकुल भी नहीं खटके, फ़ोटो खिंचवाना, फ़िल्म जाना या बालों के पिन को लेकर बासु ने भी उसी ज़िन्दगी को पकड़ने की कोशिश की, जो उपन्यास के माध्यम से मेरा लक्ष्य था।

अगर मूलभूत संवेदना पर असहमति न हो, तो माध्यम की भिन्नता को इतनी छूट देना गलत भी नहीं लगता; फ़िल्म अपने यथार्थवाद के लिए सराही गई है, लेकिन कुछ बातें मुझे खटकती रही हैं, द्वाराचार के समय नंगे हाथोंवाली महिला का कलश लिए खड़ा होना, नई शादी के समय का घर, नई बहू के हाथों बनाए गए खाने का स्तर (खासतौर पर बाज़ार से मँगाई गई मोटी-मोटी रोटियाँ) शादी के समय की नहीं, बल्कि लड़की के होने के समय की दावत, बहू को लाने-छोड़ने किसी का भी स्टेशन तक न जाना, गली-मुहल्ले की टिपिकल दुनिया का न होना—ये कुछ बातें थीं, जिन्हें बहुत आसनी से दूर किया जा सकता था और उससे यथार्थ की प्रामाणिकता और बढ़ती। हो सकता है, औरों का ध्यान उधर जाता भी न हो, मगर मुझे हर बार ये बातें परेशान करती हैं। कुछ स्थानीय रीति-रिवाज, बोलियाँ, आवाज़ें और भी डाले जा सकते थे। कुछ मुन्नी भी अपनी ससुराल में उसी यातना से गुज़रती रही है, जिससे यहाँ प्रभा गुज़र रही है—बेटी और बहू के लिए हमारे घरों में कितने दुहरे मापदंड हैं—यह बात भी शायद ज्यादा उजागर नहीं हो पाई है। तरला मेहता ने अपने सधे अभिनय से लहज़े और उच्चारण की कमी को काफ़ी ढक लिया है, वरना वह तो कानों को और भी कचोटती। तरला ने वहाँ की औरतों के बीच उठ-बैठकर उनकी चाल-ढाल को काफ़ी हद तक सीखने की कोशिश की थी।

इसलिए मैं एकाध दिन के अलावा शूटिंग देखने भी नहीं गया। हमेशा पचास से दो सौ लोगों की भीड़ के बीच ऐक्टिंग कैसे की जा सकती है, यह समझना मेरे लिए असम्भव था। दिल्ली से ही सुनता रहता था कि अपनी राजामंडी सारे शहर का आकर्षण है। एक बार आगरा गया तो यही जाँचने के लिए कैंट

स्टेशन से 'जहाँ फ़िल्म की शूटिंग हो रही है, वहाँ ले चलो' कहकर मैं रिक्शे में अपने घर ही आ गया था। हाँ, रास्ते में रिक्शेवाले ने यह ज़रूर बताया, 'सुनते हैं, जिनकी फिलम बन रही है, उनकी आगरे में ही कोठी है, अब सब साली बिक-बिका जाएगी।' मैंने चौंककर पूछा, 'क्यों भाई?' 'अरे कोई फिलम है! न हीरो, न हीरोइन, न डांस, न गाना—एक दिन नहीं चलेगी,' मैं देर तक हँसता रहा। बहरहाल, वास्तविक लोकेल से हटकर लोगों की प्रतिक्रिया मुझे ज्यादा दिलचस्प लगती थी, 'क्या राजे बाबू, तुमने फिलम भी बनवाई तो ऐसी...अरे कुछ ऐसी तो बनवाते कि ताज और सिकन्दरे पर छनती, कुछ हम भी अपना कमाल दिखाते। एक सीन हमारा डलवा दो न, हमारी दुकान नईं आई तो देख लेना साब, लड़ाई हो जाएगी—' यूनिट के सभी लोग, खुली तबीयत के मस्त लोग थे और उनके साथ शाम को बैठक ज्यादा आकर्षक लगती थी। यहाँ तक कि अन्तिम दृश्य की शूटिंग के समय भी मैं घर सोया रहा था। तय हुआ कि यहाँ 'किस' दिखा दिया जाए। शूटिंग रात को बारह बजे होनी थी। मन्नू ने कहा, 'तब तो बासु दा, ये जरूर पहुँचेंगे। पहल आप समर को समझाएँगे कि इस तरह करो, तभी कैमरा छोड़कर महाजन पहुँचेंगे, फिर ये क्यों पीछे रहेंगे? कहेंगे जिस भाव से मैंने लिखा है, वह यों है...'

बहरहाल, दिल्ली के कुछ मित्रों की इस फ़ब्ती पर मैं भी काफ़ी सोचता रहा कि 'इस फ़िल्म में ज़रूर कोई गड़बड़ है, वरना ऐसा कैसे हो सकता है कि ताँगेवालों से लेकर निहायत स्नॉब-बौद्धिक—सभी को समान रूप से पसन्द आए?' और आख़िरी तुरुप-चाल की तरह सिनेमा मैनेजर को यह बताने पर भी कि 'मैं इस फ़िल्म के उपन्यास का लेखक हूँ' सातवें दिन किसी भी शो का कोई टिकट न मिले और मैं, मन्नू और संयुक्ता टी-हाउस में डोसे खाकर ही अपनी झेंप मिटा लें। यही समस्या दूसरे स्तर पर मन्नू के उपन्यास 'आपका बंटी' को लेकर भी सामने आई है। हमारे यहाँ तो बहुत ही स्पष्ट दो विभाजन हैं—गुलशन नन्दा और अज्ञेय-जैनेन्द्र। बिना कलात्मक की बलि चढ़ाए, या कहना चाहिए, अपनी सारी कलात्मक प्रयोगवादिता के बावजूद लोकप्रिय हो जानेवाले 'चित्रलेखा' जैसे उपन्यास इस यथास्थिति को डगमगा देते हैं, तब मानसिक रूप से बड़ी बेचैनी होने लगती है कि इसे किस कोटि में रखा जा सकता है? बर्गमान, त्रूफ़ों, फै लनी वाज़्दा और रेनुआँ की आधुनिकतम मुद्राओं को ठेठ गाँवों की ज़िन्दगी में धाँस देनेवाले ना-काबिले-बर्दाश्त प्रयोगों के डिब्बा-बन्द अहंकार में 'भुवन-शोम' और 'सारा आकाश' का दोष यही है कि लोग इन्हें देख लेते हैं।

अरुण कौल ने सम्पूर्ण उपन्यास का जो ट्रीटमेंट मुझे बहुत पहले सुनाया

था, वह निश्चय ही मेरे सम्पूर्ण लेखन के सन्दर्भ में अधिक सार्थक, बौद्धिक और आधुनिक था। अरुण का कहना था कि मेरे सारे उपन्यासों के नायक स्थान छोड़ने के लिए अभिशप्त हैं। 'उखड़े हुए लोग' का शरद्, 'मन्त्रविद्ध' का तारक, 'कुलटा' का तेजपाल–सभी एक मानसिक संकट में जीते हैं और वहाँ से निकल भागते हैं। अरुण के ढंग से, हो सकता है, उपन्यास पूरा आ जाता, लेकिन पता नहीं, फिर वह ज़िन्दगी इस तरह पर्दे पर आ पाती या नहीं, जिसे झाँक लेने के लिए मैं हर चार-छह महीने बाद आगरा दौड़ता हूँ? वैसे अरुण को अभी अन्तर्प्रान्तीय भावात्मक एकता से फुरसत कहाँ है? हिन्दी की सभी अच्छी कहानियाँ तो उनके हरम में अनुबन्धित हैं। आधुनिक हिन्दी-सिनेमा के ये दादा साहब फालके अभी भी मुझे धमकी देते हैं कि दस-बीस साल बाद मैं 'सारा आकाश' बनाऊँगा तब देखना।

'सारा आकाश' आज एक प्रयोगवादी न्यूवेव फ़िल्म है, काफ़ी प्रसिद्ध और प्रशंसित। उस पर बहुत कुछ निकला है। उपन्यास के यथार्थ और कथ्य के प्रति बेहद ईमानदारी के बावजूद वह बासु चटर्जी की अपनी रचना है; मैं अपने को 'सारा आकाश' उपन्यास के लेखक के रूप में ही रखना पसन्द करूँगा।

–राजेन्द्र यादव

03-01-72

पूर्वार्द्ध : साँझ

बिना उत्तर वाली दस दिशाएँ

एक

बिना किसी ताल और लय के ढमाढम पिटती ढोलक और औरतों के चिचियाते स्वर अचानक रुक गए। 'क्या हुआ ? क्या हुआ ?' के साथ सारी औरतें-बच्चे गलीवाले जँगलों और छज्जों पर लद आए। नीचे फाटक पर कमर लचका-लचकाकर ताली बजाते हिजड़े 'अये...जियो-जियो रे लला...' का आलाप भूलकर बौखलाए-से ऊपर मुँह उठा-उठाकर ताकने लगे।

गली के पार, ठीक हमारे घर के सामनेवाले साँवल की बहू मिट्टी का तेल छिड़ककर कोठरी में जल मरी थी...धुएँ के बगूले देखकर लोग भागे, लेकिन किवाड़ तोड़ते-तोड़ते तो उसके प्राण-पखेरू उड़ चुके थे। हाय, ऐसी शुभ घड़ी में यह सब क्या हुआ ? जाने किस अनिष्ट की आशंका से सबके दिल धड़क उठे। ऐसी चीख-पुकार, भाग-दौड़ मच गई थी जैसे कहीं भूचाल आ गया हो।

लाख अपने को विश्वास दिलाता था; लेकिन विश्वास ही नहीं होता था कि आज मेरी ही सुहागरात है।

सीलन-भरी, गंदी सँकरी गली में देर तक औरतों के रोने-चिल्लाने के स्वर पीछे छूटते सुनाई देते रहे। इस उथल-पुथल में आँख बचाकर मैं भाग निकला था। पीछे से आनेवाला स्वर किसी के विवाह के आनन्द में गाने का स्वर है या किसी के जल मरने पर रोने का, यह फ़र्क़ करना मेरे लिए मुश्किल हो गया था...शायद यह फ़र्क़ करने की मुझे फुरसत भी नहीं थी...

आज सारा संसार जान गया है कि इस लड़के की सुहागरात है। 'देश को साहसी और कर्मठ युवकों की ज़रूरत है' का नारा देनेवाला यह युवक भी अब चौपाया हो गया है। कोई विश्वास करेगा कि जो आँधी-पानी में भी नहीं रुका, वही समर आज दो हफ्तों से शाखा नहीं गया है, अपने ही साथियों से आँख चुराता घूम रहा है ? कि इस समय वह मेहमानों, दोस्तों, परिचित-अपरिचितों–सभी की उँगली उठाती आँखों से बचता-कतराता गलियों-गलियों मंदिर की ओर चला जा रहा है ? वही तो एक जगह है जहाँ बैठकर कुछ क्षण शान्ति से इस इतने बड़े परिवर्तन पर सोचेगा, रात को देर से लौटेगा। तब तक यह हल्ला-गुल्ला भी शान्त हो लेगा। लेकिन स्वर पीछा कर रहे हैं।

"अरे लो...लो...एक और पियो, ठाकुर साहब ! तुम्हारे दूसरे लड़के की शादी है और तुम ऐसे सुस्त हो ? पर यार, तुम्हारे ये समधी साहब कुछ...क्यों ठाकुर साहब, आप लोगों में भी बारात के लिए देसी का ही इंतज़ाम किंया जाता है ? आज तो विलायती..."

झलझलाया हुआ चेहरा...कीचड़-भरी आँखें...लड़खड़ाती ज़बान...भपारे छोड़ती शराबी साँसें...माँड़े के नीचे पगड़ी को सँभालते बाबूजी दहाड़ रहे थे, "हमारे साथ धोखा किया गया..."

"उठो...उठो, फेरों का वक्त हो गया। सोना ही है तो जाकर जनवासे में सोना।...यहाँ पड़े हो, न शरीर का होश, न कपड़ों का खयाल...क्या कहेंगे लोग कि अच्छे बाराती लेकर आए हैं...उठो...उठो..."

"देख...देख...उसे देख ज़रा, वह जो लड़की की माँ के पीछेवाली है न, बड़े-बड़े बालों की चोटी किए...जिसके कानों में सफ़ेद नगोंवाले फूल हैं। यार क्या आँखें हैं—हमारी तो अर्थी यहीं उठेगी !"

"हाँ कहो, कुआँ-बावड़ी-धर्मशाला, जो कुछ भी बनवाऊँगा तुम्हारी राय और मशवरे से ही बनवाऊँगा—इसके बाद लड़की वचन लेती है कि..."

'तु-तू-ऊ-ऊ-तु-तू-ऊ-ऊ'—बाहर नफीरी और किडिंग-'किडिंग धम्' नगाड़े के जोड़-तोड़ मिलाए जा रहे हैं।

भागो-भागो—इस जंजाल से दूर भागो—मेरे भीतर कोई लगातार रट लगाए चला जा रहा था। वह देखो सामनेवाला लड़का, कुछ-कुछ जाना-पहचाना लगता है। एकदम मुड़ पड़ो, वरना दो घंटे बातें करेगा। बेवकूफी के मज़ाक सुनने पड़ेंगे...'बीवी कैसी लगी ?' 'मिठाई खिलाओ', '...हमें बारात में भी नहीं ले गए ?'...भागो।

कैसा बोझीला प्रारम्भ है ज़िन्दगी का ! मन होता है सब कुछ छोड़-छाड़कर कहीं दूर अनजानी जगह भाग जाऊँ। कल ही अखबारों में निकलेगा—'बेटा, तुम्हारी माँ की तबीयत बहुत खराब है। हमें अब कोई शिकायत नहीं है।' आस-पास कहीं भी तो कोई गति नहीं है। लगता है जैसे कोई भारी ट्रक किसी रेतीली और फुसफुसी धरती में जाकर फँस गया है। इंजन धूँ-धूँ कराहता है, घर्र-घर्र पहिए घूमते हैं, लेकिन ट्रक वहीं खड़ा है और पहाड़-जैसे बगूले आसमान तक छा गए हैं। कुछ भी नहीं दीखता, दिशाएँ खो गई हैं। शक्ति जवाब दे गई है। साँस घुटती है और जी घबरा-घबराकर रह जाता है—वातावरण में छाई यह धूल...धूल...गतिहीन धूल...।

गोधूलि के बाद का कोहरा चारों ओर छाया था। मैंने मंदिर के खंभे से माथा टेक दिया—जाने क्या भारी-भारी भरा था सिर में ! संगमरमर के सुन्दर काले-सफ़ेद टुकड़ों से बनी शतरंजी—ठाकुरजी के सामनेवाले द्वार तक चली गई खंभों की दो कतारें—उन पर टिका बड़ा भारी हॉल—बीचोबीच मूर्ति के सामने मंजीरा, मृदंग, हारमोनियम, सितार इत्यादि लेकर गाते हुए कुछ भक्त लोग—'मेरे तो गिरधर गुपाल...अरे हाँ, मेरे तो गिरधर गुपाल'—आस-पास गूँजते भक्ति के उद्गार...'जय बंसरीवाले की—नन्द के लाले की...नमामि भक्तवत्सलम्... ।' गूँजती साँझ, लोबान और अगरबत्ती की छाई गंध, धुँधली-धुँधली रोशनियाँ। कोई मुझे बताओ, मैं क्या करूँ ?

खंभे से टेक लगाए मैं बाहर की सीढ़ियों पर ही बैठा रहा।

मुझमें भागने का भी तो साहस नहीं है। काश, उस समय पंद्रह दिन को ही कहीं कलकत्ता-बंबई, पूना-हरिद्वार—कहीं भी भाग गया होता तो यह सब क्यों होता ? तब तो बस रोता और गिड़गिड़ाता रहा, 'मेरे पाँव में चक्की मत बाँधो'...'मेरे पाँव में यह चक्की मत बाँधो'...मुट्ठी में पसीजता हरी चूड़ियोंवाला हाथ और आटे का गोला लिए चुपचाप बैठा-बैठा भीतर से क्रम-क्रम से आती दोनों आवाज़ें सुनता रहा था...'अब भी समय है, उठ भाग !' और 'हाय भगवान्, यह जाने किसको मेरे गले बाँधा जा रहा है...!' धुँधलाती लपटों के आस-पास डगमगाते कदमों से नापे गए वे सात फेरे...पंडित जाने क्या-क्या कहे जा रहा था... । याद आया था...इसी तरह तो पुरोहित ने कहा होगा 'सावधान...' और उसे चेतावनी समझकर समर्थ गुरु रामदास माँड़ा छोड़कर उठ भागे थे।

'अब तो इस घर में बहू आनी ही चाहिए...बड़े की बारात गई थी, उसे आठ साल से ऊपर हो गया।' सगे-सम्बन्धी कहते। अम्मा रोज़ मनातीं, 'वह कौन-सा दिन होगा जब देहली पर छोटी बहू का पाँव पड़ेगा !' बाबूजी सुनाते, 'इस मुन्नी के ब्याह में सात-आठ हजार कर्जा हो गया है। अब ये लड़के ही कुछ करें तो हो; मेरे तो बस का है नहीं...' अपना सुख, अपना स्वार्थ, अपना सन्तोष, बस यही हमारे घर की रीति है। दूसरा मरे, पिसे उनकी बला से। न दूसरे की इच्छा है, न जान। बड़े-बूढ़े समझते हैं, दुनिया जैसे उनके ज़माने में थी, वैसी ही चलनी चाहिए, नहीं तो रसातल में चली जाएगी। 'अजी साहब, लड़कों की भी अपनी कोई इच्छा होती है ? समझते ही क्या हैं ? हमने दुनिया देखी है।' और सच बात यह है कि नाक के आगे उन्हें कुछ दीखता ही नहीं है। लड़के को इससे ज्यादा और चाहिए ही क्या कि उसकी शादी हो जाए, बहू आ जाए, बच्चे हों, वह क्लर्क बाबू हो जाए और हमारे बाद हुक्के की नै सँभाल ले...! हाय मेरी वे सारी

महत्त्वाकांक्षाएँ, कुछ बनकर दिखलाने के सपने, अब यों ही घुट-घुटकर मर जाएँगे–रात-रात भर की नींद और खून दे-देकर पाले हुए वे सारे भविष्य के सपने अब दम तोड़ देंगे।

लगता है सुबह जो कुछ सोचता रहा था, वह मैंने नहीं, किसी और ने सोचा था। अब तो सब-कुछ नकली-सा लगता है। मैंने डायरी में लिखा था, 'मैं इतनी जल्दी अपनी हिम्मत क्यों हार जाता हूँ ? अभी से क्यों सोचता हूँ कि मेरी सारी महत्त्वाकांक्षाएँ मर गईं ? सोने को आग में भी तपना पड़ता है तभी तो वह कुंदन की तरह निखरता है–सभी के जीवन में परीक्षा के क्षण आते हैं–यह मेरी अग्नि-परीक्षा का क्षण है। मुसीबतों से इतनी जल्दी घबरा जाना अच्छी आदत नहीं है। ऐसे संकट के अवसरों पर अपने को साधे रखना मुझे सीखना होगा। यही तो महान् बनने का सबसे पहला गुर है–मुसीबतों में दिमाग़ शान्त रखना। नैपोलियन युद्ध के मैदान में खत लिखा करता था। मुझे इस बात को कभी नहीं भूलना कि मुझे कुछ बनना है–'कुछ' बनना है जिसके सामने दुनिया झुके। जिसकी एक बात देश के लिए आज्ञा हो, जो भारत-माता को इन विदेशी म्लेच्छों के चंगुल से मुक्त कर सके। भारत महापुरुषों का देश है। राणा प्रताप और शिवाजी का रक्त मेरी धमनियों में बहता है, उसे लजाना नहीं है। उनकी यह परंपरा, संस्कृति की रक्षा की धारा को हमें ही तो चलाना और जीवित रखना होगा। हम युवक हैं। आज भी हममें हज़ारों भगवान् बुद्ध, महावीर स्वामी, भगवान् कृष्ण, भगवान् राम हैं, उन्हें जगाने और सामने लाने की ज़रूरत है। हमारी ही शक्तियाँ आज हनुमान, भीम और भीष्म पितामह को पैदा कर सकती हैं। मेरे सामने आज परीक्षा का काल है–हमेशा तो रहेगा नहीं। यहीं तो वे खाइयाँ और रुकावटें हैं जिनके पार महानता और गौरव के आत्मसम्मान का सौरभ है, अमरता का देश है। यह 'हर्डल-रेस' वहाँ तक पहुँचने के लिए चुनौती है। भगवान् ने ये बाधाएँ हमारी शक्तियों को माँजते रहने के लिए रखी हैं। हाँ, हम इन्हीं बाधाओं और मुसीबतों पर पाँव रखकर आगे बढ़ेंगे। मैं आज भी दृढ़ हूँ अपनी उस आजन्म ब्रह्मचारी रहने की प्रतिज्ञा पर...'

यह सुबह लिखी डायरी ! इस समय तो ऐसा लगता है जैसे एक तेज़ बहाव है जो मुझे अपने साथ बहाए लिए जा रहा है। जाने कहाँ ले जाकर छोड़ेगा ? लेकिन अब इस वर्तमान का क्या करूँ ? बीच में आए इस माया-जाल और मोहिनी में अपने को फँस जाने दूँ या इस झाड़ी से कतराकर निकल जाऊँ ? जहाँ तक हो सकेगा मैं इसमें उलझूँगा नहीं, यह मेरा निश्चय है। हे भगवान्, इस परीक्षा के समय मेरी आत्मा को बल देना, मुझे दृढ़ता देना कि मैं झुक न जाऊँ...कहीं मैं हार न जाऊँ।

खैर, जैसा भी हुआ अब तो यह विवाह हो ही गया है। लेकिन मैं आज भी मन से वही हूँ। मैं इसकी रंगीनियों और झंझट में नहीं फँसूँगा। शायद बहुत बड़ी बात सोच रहा हूँ, लेकिन जी-जान से इसे निभाने की कोशिश करूँगा। यह मेरे बनने का समय है, मेरा निर्माण-काल है।

कोई कहता था, प्रभा दसवीं पास है। मैंने तो उसके हाथ के सिवा कुछ देखा ही नहीं। हाँ, भाँवरों पर जब वह आगे चल रही थी तो पाँव देखे थे, महावर लगी थी। लेकिन जो भी हो...मुझे उससे कोई सम्बन्ध ही नहीं रखना। मैं उससे बोलूँगा नहीं। अगर बोलना ही पड़ा तो मतलब की एक-दो बातें ही, बस। अभी तो कोशिश करूँगा कि उसे उसके घर ही भेज दूँ। जब सभी अपना-अपना स्वार्थ देखते हैं तो मैं भी क्यों न देखूँ ? किसी के बहकावे में नहीं आऊँगा। दबाव और कहने में आकर शादी कर ली। बस, यही बहुत हो गया। तुम्हें कुछ मिला हो या न मिला हो, मुझे कोई मतलब नहीं। मुझे तो अपना निर्माण खुद ही करना है। चाहता हूँ—खूब मन लगाकर, जी-जान से अपनी शिक्षा-दीक्षा पूरी कर डालूँ। अभी चार साल और हैं। एम.ए. करूँगा। तब तक वह क्या करेगी, कहाँ रहेगी, मुझे नहीं मालूम। होगा भी क्या मालूम करके ? जिस राह जाना ही नहीं उसके मील गिनने से फ़ायदा ? बाधाएँ कभी-कभी बड़ा सुन्दर रूप धरकर सामने आती हैं, उनमें न भरमाना ही बुद्धिमानी है। पत्नी की जो इच्छा हो करे, हम क्यों एक-दूसरे के लिए बाधा बनें।

कोई कहता था, बहुत पढ़ी-लिखी है, बड़ी समझदार है। क्या उसे अपना सारा दृष्टिकोण समझाया नहीं जा सकता ? मान लो, आगे जाकर गृहस्थ-जीवन बिताना ही हुआ तो यह काल उसके लिए भी तैयारी का हो सकता है। कम से कम मुझे उसका चेहरा तो देख ही लेना चाहिए था। भाभी कहती हैं, चेहरे पर हलके-हलके चेचक की झाँई है। पता नहीं, नाक-नक्शा कैसा है ! आज सुहागरात है। सब लोग छेड़ेंगे, इसलिए यहाँ आ बैठा हूँ। जाने आज क्या-क्या करना होता है ! कैसे करना होता है !

खैर, जो भी हो। मुझे इस सबसे लेना-देना क्या ! मुझे तो आज एक बहुत बड़ा निश्चय करना है—परीक्षा का सबसे कठिन पेपर है। आज अगर फिसल गया तो संसार की कोई शक्ति मेरा उद्धार नहीं कर सकती और अगर आज ही निकल गया तो एक साथ सारे सिर-दर्द से पीछा छूट जाएगा। एकदम न बोलने की बात तो शायद संभव न हो। हाँ, मैं उससे कहूँगा, 'देखिए, हम लोग काफ़ी समझदार हैं। माँ-बाप जैसे भी हैं या जो भी कर सकते हैं, उन्होंने कर दिया, लेकिन अपना आगा-पीछा तो हमें ही देखना है। सबसे पहले तो हमें अपनी शिक्षा पूरी करनी

होगी...' लेकिन यह सब सुनकर अगर वह रोने लगी तो। कहीं ऐसा तो नहीं होगा कि उसके खारे आँसू मेरी दृढ़ता की सारी धरती को ही गला डालें... ? नहीं, नहीं, नहीं...भगवान् बुद्ध को यशोधरा का सौंदर्य बाँधकर नहीं रख पाया, गोपियों के प्यार ने कृष्ण को योगिराज बनने से नहीं रोका।

अच्छा, क्यों जी, पत्नी क्या सदैव ही बाधा होती है ? राम की शक्ति को क्या सीता से अलग किया जा सकता है। राजपूताने की क्षत्राणियों ने ही क्या खुद अपने सुहागों को रण में नहीं भेज दिया था ?... लेकिन मैं...मैं तो बहुत कमज़ोर हूँ। अपने को उस रूप में ढाल लूँ तभी तो यह हो सकेगा। तब तक उपेक्षा मेरा अस्त्र होगी और उदासीनता मेरी ढाल...आँसुओं और वासना के इस दलदल में काफी पाँव जमा-जमाकर मुझे चलना होगा। साक्षी रहे यह भगवान् की मूर्ति...

हे भगवान्, मुझे शक्ति दे, संयम दे, सुबुद्धि दे कि मैं अपने-आपको सही मार्ग पर लिए चलूँ। जो मेरे साथ रह सके वह रहे, पीछे छूट जानेवाले के मोह में पड़कर मुझे रुकना न पड़े। मैं गुनगुनाने लगा, 'वह शक्ति हमें दो दयानिधे, कर्तव्य मार्ग पर डट जाएँ...'

तभी चौंककर देखा, भजन बन्द होकर कीर्तन शुरू हो गया था।

दो

वे हँसी-कहकहे, खिलखिलाहटें और मज़ाक–शहनाईवालों का एक-दूसरे के मुँह की ओर घुमाते हुए ज़ोर-ज़ोर से शहनाइयाँ बजाना–लेकिन मुझे लगता रहा जैसे एक तूफ़ान किसी भारी गुम्बद में बन्द हो गया है; गूँज-गूँजकर, घूम-घूमकर, इधर से उधर फुफकारता फिर रहा है और बाहर निकलने का रास्ता नहीं पा रहा।

मालूम नहीं, यह अच्छा हुआ या बुरा। सुहागरात आई और चली गई। सच ही मैं उससे नहीं बोला। अभी तक बड़ी दुविधा में हूँ कि यह भगवान् की ओर से मेरी प्रार्थना की स्वीकृति है या मेरे दुर्भाग्य का प्रारम्भ...!

...मैं बहुत भावुक हूँ, बहुत कमज़ोर हूँ। भावों और कमजोरियों के उफान में बड़ी जल्दी बह और बहक जाता हूँ और उस समय कोई किनारा मुझे नहीं मिल पाता।

हलके से धक्का देकर भाभी ने पीछे से किवाड़ बन्द कर दिए तो मैं कमरे में आ गया। उस समय प्रभा जंगले में सिर रखे खड़ी थी, जैसे खड़ी-खड़ी सो गई हो। थोड़ी देर यों ही खड़ा रहा और फिर धीरे से जाकर पलंग के सिरे पर इस तरह बैठ गया जैसे डर लग रहा हो। सोचा था कि चुपचाप जाकर पलंग पर सो जाऊँगा...और सोने के बाद सुबह से पहले जागना मैंने जाना नहीं। इस समय मेरा दिल धड़क रहा था और सारी शक्ति की चट्टानें जैसे डायनामाइट में विस्फोट से फट जाने को तैयार थीं। अपने आत्मविश्वास और दृढ़ता को समेट-समेटकर ला रहा था। लड़के मुझे जाने क्या-क्या बताने को उत्सुक थे। मूर्ख लड़के ! वे उन हज़ारों-लाखों की तरह मुझे भी समझते हैं जिनके लिए नारी या कोई भी चलती-फिरती लड़की, न जाने किस स्वर्ग का फूल है और उसके लिए युगों से उनकी आत्माएँ तड़फड़ाया करती हैं। ताँगे में जाती लड़कियों के पीछे अपना रास्ता छोड़कर वे मीलों केवल उसका 'दर्शन-सुख' लेते चले जाते हैं। मैं उन जैसा तो था नहीं। मेरा रास्ता उनका रास्ता नहीं था।

मन-ही-मन में दुहराता रहा...नारी अन्धकार है, नारी मोह है, नारी माया है। नारी देवत्व की ओर उठते मनुष्य को बाँधकर राक्षसत्व के गहरे अन्धे कुओं में डाल देती है। नारी पुरुष की सबसे बड़ी कमज़ोरी है।

मेरा रास्ता हज़ारों-लाखों लड़कों का रास्ता नहीं है। ऊपर से देखने में मैं चाहे जैसा लगूँ, मैं उनसे हर तरह भिन्न हूँ। मेरा भविष्य मेरे हाथों में है। मैं हर क्षण तलवार की धार पर चलता हूँ। बस, ज़रा-सा अपने को साध लूँ और डगमगाऊँ नहीं। मैंने हर समय अपने को इन लोगों से कितना ऊँचा उठा हुआ पाया है।

इस कमरे में आने से पहले मैं सोच रहा था कि जैसा सभी विवाहों में होता है, प्रभा लजीली नव-वधू की तरह गठरी बनी होगी, उसी साज-सज्जा से मेरा स्वागत करने को तैयार होगी। वही तो एक क्षण है जब मुझे अपने को सावधान रखना होगा। लेकिन अब उसे देखकर मैं चौंक पड़ा...कपड़े तो जैसे विवाहों में पहनाए जाते हैं वैसे ही रंग-बिरंगे पहने थी, लेकिन मेरे खाट पर बैठ जाने पर भी वह यों ही चुपचाप सामने के जँगले पर खड़ी रही। भीतर प्रवेश करते समय भाभी के साथ और भी मुहल्ले-पड़ोस या रिश्तेदारी की जाने कौन-कौन आपस में खुसुर-पुसुर करतीं, खिलखिलातीं, भगवान् जाने क्या-क्या कह रही थीं ! मैंने कुछ भी नहीं सुना था। इस समय तो कमरे के सन्नाटे में स्टूल पर रखे पंखे की भनभनाहट ही गूँज रही थी। जब कभी पंखे की कोई पंखड़ी किसी तार से लग जाती तो खनखनाहट बज उठती। विवाह के अवसर पर बिजली पड़ोसी से उधार ले ली गई थी। मैं भरसक उपेक्षा और लापरवाही दिखाना चाहता था। कल्पना कर रहा था कि मेरी भावनाओं की शुद्धता और ऊँचाई के कारण मेरा चेहरा जगमगाते ज्योतिर्वलय से घिरा हुआ है। कुछ देर बाद ज़रा-सा कौतूहल भी हुआ कि कहीं सो तो नहीं गई। लेकिन मेरे पलंग पर बैठते ही उसने ज़रा-सा सिर उठाकर देखा, और जैसे कुछ हुआ ही न हो, इस तरह फिर सिर वहीं टिका दिया।

मैं बुद्धू की तरह बैठा-बैठा पंखे को देखता रहा। अब क्या करूँ ? धीरे से पलंग पर आड़ा ही लेट गया। सिर दीवार के सहारे उठा था। क्षण के पीछे क्षण फिसलते रहे। मुझे आशंका हो रही थी कि अभी मेरी इस कठोरता पर वह फूट-फूटकर रो उठेगी...दोनों हाथों से मेरे पाँव पकड़कर अभय माँगती-सी आँसू-भीगा मुँह उठाकर पूछेगी—'मेरे नाथ ! बताओ, इस दासी से क्या अपराध हुआ है।' फिर पाँवों पर सिर पटक-पटककर हज़ारों बार क्षमा माँगेगी। उस क्षण अपने को साध लेना शायद सबसे कठिन कार्य होगा। बस, एकाध पल ही जा रहा है। यही नाटक होगा...

लेकिन मुझे लगा, काफ़ी देर हो गई है और कभी-कभी कुछ चूड़ियों की झनक के साथ-साथ आधी रात का सन्नाटा हमारे बीच विषैले धुएँ की तरह फैलता रहा। अचानक मुझे लगा कि आशंका और भावुकता के सागर में स्पंज की तरह फूलता-पिचकता मेरा हृदय अब जमकर एक पत्थर का टुकड़ा रह गया है। किसी ने भीतर

पूछा–'मैं यहाँ क्यों आया ! न बोलना, न स्वागत–क्या यह मेरा अपमान नहीं है ?' मैं स्वीकार करता हूँ कि इन तमाम महत्त्वाकांक्षाओं, आशाओं और दृढ़ता की निस्पंद और बर्फीली चादर के नीचे गरमाहट के बहते स्रोत की सनसनाहट मैं अनुभव करता रहा था। मन के किसी अँधेरे कोने में शायद बहुत-कुछ इस विषय में था भी–शायद उत्सुकता...शायद मिठास। अपनी इस ऊपरी सारी दृढ़ता के साथ यह भय भी मुझे था ही, कि कहीं पीछे बहते गरम खून का यह स्रोत प्रचंड ग्लेशियर की तरह फूट न पड़े और फिर उसके बहाव में मैं खो जाऊँ।

जैसे सनसनाता हुआ तीर खच्चू से अपने लक्ष्य में आकर धँस जाए, इसी तरह मुझे लगा जैसे मेरे भीतर कोई चीज़ सन्नाकर टकराई–अपमान ! यह मेरा अपमान है। भीतर बहती तरल खून की धार पल-भर में जमकर बर्फ बन गई। मैं यहाँ आया ही क्यों ? आज के दिन कहीं और नहीं जा सकता था। घरवाले ज़रा-से परेशान ही तो होते न ! हमारे घर के लोग बे-पढ़े हैं और यह मैट्रिक तक पढ़ी है। शायद यही गुमान इसे हो गया है। निश्चय ही यह अपने को बहुत समझती है। वह यों ही खड़ी रही और मैं गुस्से से उठकर सीधा बैठ गया। बेशर्म ! यही आजकल की शिक्षा है ?–न किसी का लिहाज, न हया। समझती है, दूसरे लड़कों की तरह, मैं इसे मनाऊँगा, खुशामद करूँगा ? हुँह, सो खातिर जमा रखे। कयामत तक तो यह मौका आएगा नहीं। पहले मैंने सोचा था कि हम लोग शिक्षित हैं, समझदार हैं। आपस में बातें करके अपने को अधिक से अधिक योग्य बनाने की ओर ध्यान देंगे। लेकिन नहीं। अगर इसकी मर्जी यही है तो यही सही। झुकूँगा नहीं, आज का झुकना जिंदगी-भर का बवाले-जान हो जाएगा। आज तो बिल्ली मुझे ही मारनी है। आप शायद खड़ी-खड़ी यही सोच रही हैं कि मैं जाकर कहूँ, 'चलिए, खड़ी क्यों हैं ? बैठिए।' फिर शरमाएँगी और नखरे दिखाएँगी, रूठने-मटकने की ऐक्टिंग होगी। तभी पहली बार मेरा ध्यान उसकी इस अशिष्टता की ओर गया कि मेरे आने पर नमस्कार-प्रणाम कुछ नहीं। मैं तो सोचता था कि वह मेरे पाँवों पर झुक जाएगी तो मैं उसके दोनों कंधे पकड़कर उठा लूँगा। यही तमीज़ और अदब सिखाया है घरवालों ने ? उस वक्त तो बड़े गर्व से कहा था कि हमारी लड़की 'मैट्रिक' तक पढ़ी है।

जब कुछ क्षण यों ही बैठे-बैठे और बीत गए तो मैं एक झटके से उठकर खड़ा हो गया। दिमाग भन्ना रहा था और सारा कमरा अपमान के संकेतों से जैसे मुझ पर अट्टहास कर रहा था। मन के भीतर तब भी कहीं यह भाव था कि जब मैं चलूँगा तो यह पीछे से आकर मेरा हाथ या कुरते का छोर पकड़ लेगी। तब मैं कुछ देर ठिठकूँगा और उसे क्षमा कर देने के विषय पर विचार करूँगा। लेकिन

जब खड़े होकर दो-चार कदम दरवाज़े की ओर चल भी लिया और उसने ऐसा कोई भाव नहीं दिखाया तो मेरे आत्मसम्मान का पेट्रोल-कुंड भकभकाकर जल उठा। मैंने निश्चय कर लिया कि अब अगर यह रोकने आएगी भी तो बिना मुड़कर पीछे देखे ही चल दूँगा। बद्तमीज़ !

भड़ाक् से जब किवाड़ खोले तो लगा चौंककर उसने सिर उठाकर देखा। तब तक मैं बाहर आ चुका था। जाने क्यों, मैं एक क्षण बाहर रुका और फिर सीढ़ियाँ चढ़कर खुली छत पर आ गया। सभी लोग चारपाइयों या ज़मीन पर सो चुके थे। चाँदनी की वर्षा हो रही थी और चाँद का छाता लगाए रात की रानी नीहारिकाओं के पथ से चली जा रही थी। मैंने कुछ भी नहीं देखा और एक कोने में नंगी धरती पर पड़कर अपने आपसे लड़ने लगा।

उफ़्, इस व्यवहार को मैं कभी ज़िन्दगी-भर भूल पाऊँगा ? नहीं, नहीं। विद्योत्तमा के इसी व्यवहार ने एक वज्रमूर्ख को कविता का राजकुमार—कालिदास बना दिया था। अब देखना है कि मैं इस अपमान का बदला किस रूप में चुकाता हूँ। लेकिन...आखिर मैं वहाँ गया ही क्यों ? क्या यह मेरे भीतर ही कोई कमज़ोरी नहीं है ? क्या यह पथ-भ्रष्ट होने का दैवी दंड नहीं है ? मुझे सँभालनेवाली ठोकर ! कहीं पढ़ा था—'अपमान से बढ़कर संसार में कोई ऐसी शक्ति नहीं है जो मनुष्य की सच्ची आत्मा को खींचकर बाहर ला सके।' अब मुझे देखना है कि मेरी आत्मा में कितनी शक्ति है। याद रहेगा, यह सुहागरात का उपहार ! जो हुआ अच्छा ही हुआ। वह रास्ता मेरा था भी नहीं।

मुझे ऐसा लगा, जैसे मैं अपने भाग्य की गति स्पष्ट देख रहा हूँ—जैसे वह सारे इधर-उधर के रास्तों को बन्द करता हुआ एक निश्चित रास्ता मेरे लिए खोले जा रहा हो। और निश्चय ही वह रास्ता ऊँचाई का रास्ता है, मानवता का रास्ता है।

और इसी दिमागी उठा-पटक में कब मेरी आँखें बुरी तरह डबडबा आईं कि लाख कोशिश करने पर भी मैं अपने आपको सँभाल न सका। अपलक आकाश की ओर ताकती खुली आँखों से चुप-चुप आँसू बहते रहे। हे भगवान्, यह मेरे गले में क्या बाँध दिया है ! कहाँ लाकर पटक दिया है मुझे ! उस क्षण वही पुरानी भावना उमड़-उमड़कर मन-मस्तिष्क पर छा गई कि इस बीहड़-पथ पर मैं अकेला हूँ—नितांत अकेला। कोई साथ नहीं है। कोई ऐसा नहीं जो मेरी थकान और पसीने को सांत्वना के शब्दों से समेट ले, मेरी निराशा के आँसुओं को पोंछकर कहे... 'चलो, मैं तो तुम्हारे साथ हूँ...' पता नहीं किस तरह की लड़की को मेरे गले मढ़ दिया गया है ? कैसे चलेगी जिंदगी...? फिर लगा, जैसे कोई अज्ञात शक्ति मेरे

शरीर के कण-कण से पानी निचोड़-निचोड़कर आँखों की राह उलीचे दे रही है।

अपने मन की और गहराई में मैं सोचता रहा कि मान लो, अभी उठूँ और बिना किसी से कुछ कहे-सुने बाहर निकल पड़ूँ तो कैसा रहे। कहीं चला जाऊँगा–कलकत्ता, बंबई या हरिद्वार...भागो...भागो !

धुआँ, अंगारों और भाप की भट्टी पर मैं रात-भर भुनता और उबलता रहा।

तीन

वन में लगी भयंकर आग की तरह यह समाचार सारे घर में फैल गया कि समर प्रभा से नहीं बोला।

दोनों हाथों से सिर पकड़े, कुहनियों को घुटनों पर रखे, मैं अपने कमरे की देहली पर बैठा-बैठा जाने क्या-क्या सोचता रहा ! मन में ऐसी उदासी छाई थी जैसे अभी-अभी लाश फूँककर आया हूँ। साँझ की छायाएँ अब कोनों-अन्तरों की ओट से बाहर निकल-निकलकर फैलने लगी थीं। लेकिन उदासी थी कि अँधेरे के साथ-साथ बढ़ती चली जा रही थी। लगता था जैसे आगे एक महाशून्य का अन्धा-सागर ठाठें मार रहा हो—अब मैं क्या करूँ ?

सुबह से कई लोग पूछ चुके थे। शायद प्रभा से भी पूछा हो। लेकिन दोनों ने ऐसी अनिच्छा का भाव दिखाया कि फिर पूछने की किसी की हिम्मत ही नहीं पड़ी। भाभी ने पहले व्यंग्य में प्रश्न किया फिर गम्भीरता से जानना चाहा। अम्मा ने पूछा। लेकिन सबको मैंने टाल दिया। सारा दिन मैं मुँह छिपाता इधर से उधर भटकता रहा। मैं अपनी उस तथाकथित पत्नी से नाराज़ ज़रूर था; लेकिन यह भी जानना चाहता था कि सुनूँ उसने मेरे खिलाफ क्या-क्या कहा है। अभी तक तो कुछ भी सुनने में नहीं आया था और इसी का मुझे आश्चर्य था। लगा, उससे घरवाले कुछ भी नहीं निकाल पाए। जो भी उन्होंने चाहा वह सब मेरे ही व्यवहार से ! कभी-कभी तो मैं चौंक उठता कि यह सब कहीं मुझे प्रभावित करने का ढंग तो नहीं ! लेकिन मुझे अब एक ऐसी तटस्थ निरासक्ति भी अपने भीतर महसूस हो रही थी, जैसे अब घर में कोई भी मेरा कुछ नहीं लगता। अगर वह सबसे कुछ न कुछ कहती फिरती, तब भी शायद क्या नया नहीं लगता।

बाबूजी ने अत्यंत गूढ़ रहस्य जानने की मुद्रा में पूछा था, "कुछ खास बात हुई क्या ?" मैं चुप रहा। फिर उन्होंने पूछा, "लड़ाई-वड़ाई तो नहीं हो गई ?"

उस समय तो मेरा साहस डगमगा गया, जब मुन्नी आई, "बाबूजी ने बुलाया है।" बाबूजी ने क्यों बुलाया है ? मरे-मरे कदमों से मैं वहाँ पहुँचा।

बाबूजी के सामने पड़ने से मैं हमेशा ही डरता रहा हूँ। यों इधर तीन-चार साल से उन्होंने हाथ नहीं उठाया, लेकिन शरीर पर पड़ी हुई पुरानी नीलें अभी भी ताज़ी

हो आती हैं। और ये यादें ही उनके आतंक को जैसे दिन-दूना रात-चौगुना बढ़ाया करती हैं। किस समय वे क्या कर बैठेंगे, कोई ठिकाना नहीं। जिन दिनों वे मुझे मारते थे, उन दिनों तो एक अल्हड़ और ज़िद्दी निश्चिंतता रहती थी कि ज़्यादा से ज़्यादा पीट ही तो देंगे। हॉकी-फुटबॉल में भी तो चोट लग जाती है और हम उसे सहते ही हैं। लेकिन इधर तो एक अजब रहस्यमय खौफ़ मुझे उनके हर व्यवहार से लगता था। अपनी किसी ग़लती पर जब मैं पीटे या डाँटे जाने की आशंका करता और वे टाल देते तो लगता जैसे मेरे खाते में जाने कितनी सज़ा इकट्ठी हो गई है। नतीजे में उनसे कतराना और डरना मेरा स्वभाव बन गया था। मैं मन में चाहे जितना विरोधी और विद्रोही बनता रहूँ, बाबूजी का आतंक मेरी नस-नस में इस तरह समा गया था कि उनके सामने ज़बान नहीं खुलती थी। और मन ही मन कुढ़ते हुए भी जो कुछ वह कहते, मैं कर डालता।

बहुत डरते हुए मैंने भी उनकी बातों के जवाब में एक भाषण तैयार किया। वे चुपचाप फ़र्शी पीते हुए अत्यंत गम्भीर दार्शनिक की मुद्रा में बैठे होंठ टेढ़े करते हुए धुआँ निकाल रहे थे। आस-पास की ख़ाली कुर्सी और मूढ़े देखकर लगा जैसे अभी-अभी कुछ लोग उठकर गए हों। उन्होंने भौंहों के संकेत से बैठने को कहा तो मेरा साहस धुएँ की तरह उड़ गया। मैं जैसे-तैसे चुपचाप किनारे पर बैठ गया।

''क्या बात है ? बहू तुझे पसन्द नहीं आई ?'' अत्यंत मुलायम शब्दों में उन्होंने पूछा। शब्दों की मुलायमियत से मैं चौंककर डर गया। अपने भाषण का एक-एक शब्द फिसलता लगने लगा।

मुझे चुप देखकर उन्होंने फ़र्शी में एक लम्बा-सा कश खींचा और धुआँ घूँटते हुए फिर से पूछा, ''साफ बता न, इसमें झिझक की क्या बात है ? सुनते हैं तू उससे बोला भी नहीं ?''

मैं चुपचाप हथेली फैलाकर हाथ की लकीरें देखता रहा। सारे सोचे हुए सवाल-जवाब दिमाग से निकल गए। मन में एक आर्द्र उच्छ्वास-सा घिर आया।

अब बाबूजी ने हुंकारी भरकर कहा, ''यह भी तो सोचो कि वह बेचारी पराई लड़की किसके बूते पर आई है ? कोई घर में आता है तो इस व्यवहार के लिए ? क्या कहेगी वह घर जाकर ? माना कि शादी करने की तुम्हारी इच्छा नहीं थी, लेकिन बेटा, यह लोक-व्यवहार है। और जो हो जाता है उसे निभाना तो पड़ता ही है। मान लो कि...''

अचानक मेरे फूट-फूटकर रोने से उनकी बात बीच में ही टूट गई। सच पूछो तो इस सचाई के लिए मैं खुद भी कतई तैयार न था। लेकिन बाबूजी की उन बातों के सामने जाने क्यों अपने को रोक नहीं पाया। मैं बच्चों की तरह अपने

को सँभालता, मुट्ठियों के पिछले हिस्से से आँखों और नाक को रगड़ने लगा, और जब उन्होंने समझाने के स्वर में कहा कि 'जाओ, ऐसा लड़कपन नहीं करते', तो मैं चुपचाप उठकर चला आया।

अपने पढ़ने की कोठरी के दरवाज़े पर बैठा-बैठा मैं बड़ी देर तक निरुद्देश्य जाने क्या-क्या सोचता रहा—बे-सिर-पाँव की बातें। इस सारे कांड में मुझे अपनी गलती ही दिखाई नहीं देती थी। यह शादी मेरे उच्चादर्शों और महत्त्वाकांक्षाओं के लिए ज़हर थी, यह जानते हुए भी कहीं यह आशा थी कि चलो लड़की पढ़ी-लिखी और समझदार है। हम लोग एक-दूसरे को समझने की कोशिश करेंगे, बनने में मदद देंगे। चाहता तो मैं भी अपनी सुहागरात के दिन उसे खींचकर पलंग पर डाल देता और अन्धाधुंध उसके रूप का बखान शुरू कर देता, या बिलकुल जाहिलों की तरह कोई तोता या बिल्ली ले जाता और ऐन मौके पर क्रोध में उसे मारकर ज़िन्दगी-भर के लिए अपना रौब गालिब कर लेता। लेकिन मैंने तो चाहा था कि पढ़े-लिखे, सभ्य और शिष्ट आदमी की तरह मैं यह सब नहीं करूँगा और सबसे पहले उसे बाकायदा अपना परिचय दूँगा, उसका परिचय पूछूँगा। फिर उसे अपने सपनों और महत्त्वाकांक्षाओं के बारे में बताऊँगा, उसे समझाऊँगा कि जीवन और जगत् के बारे में मेरे विचार क्या हैं ? यह सब अच्छी तरह समझा चुकने के बाद नम्रता से पूछूँगा, 'कहिए इन सबमें आप कहाँ और किस तरह मेरी सहायता करना चाहेंगी ?'...लेकिन इस सबकी तो उसने अपने व्यवहार में गुंजायश ही नहीं रखी। वहाँ ऐसा मौका ही कौन-सा था कि मैं यह सब बातें कह पाता ! नहीं, इस सबमें मेरा अपराध नहीं है। बाबूजी व्यर्थ ही मेरे सिर सारा दोष मढ़ रहे हैं।

अचानक किसी ने भीतर से पूछा—मैं उससे नहीं बोला, यह बात बाबूजी को पता कैसे चली ? मैं चौंक उठा ! हाँ, ठीक ही तो है, उनसे यह बात किसने कही ? मैंने तो इस बात का किसी से भी ज़िक्र नहीं किया। उसी ने कहा होगा। मुझे तो सुबह से ही इस बात पर आश्चर्य हो रहा था कि क्यों वह इस इतनी महत्त्वपूर्ण बात को अत्यंत तुच्छ बनाकर उड़ाए हुए है, क्यों नहीं उसने किसी से कुछ कहा ? लेकिन उसके बताए बिना कोई जान ही नहीं सकता। आखिर औरत है ना, अम्मा से चाहे न कहा हो, लेकिन मुन्नी या भाभी से ज़रूर कहा होगा। मुन्नी या भाभी से मालूम करूँ ? नहीं, यह पूछना अपनी कमज़ोरी होगी। ये फिर झट उसके कान में जाकर बात पिरो देंगी तो सोचेगी कि कितना कमज़ोर आदमी है। कमज़ोर ?...अभी तो उसने मेरी मज़बूती की एक ही झलक देखी है...

"लालाजी, क्या सोच रहे हो ऐसे डूबे हुए ?" तभी जाने किधर से निकलकर भाभी

ने कहा, ''तुम्हारी तो शादी न हुई, लगता है दुनिया-भर की चिन्ताओं का बोझ ही तुम्हारे ऊपर आ गया। माथे पर हाथ रखे क्यों बैठे हो ? सिर-विर में दर्द है क्या ? कोई देखे तो समझे जाने किसी लड़के-लड़की की शादी करनी है तुम्हें !''

मैं चौंक गया, जैसे चोरी करता हुआ पकड़ा गया होऊँ। अपनी चिन्ताओं और दुखों को दिखाना भी तो भीतरी कमज़ोरी है। सँभलकर कहा, ''कुछ भी तो नहीं भाभी, सोच-साच तो कुछ नहीं रहा। यों ही बैठा हूँ।'' मुझे लगता था जैसे घर का एक-एक आदमी, या हर मिलनेवाला अपनी बातचीत या हरकत से सिर्फ इसी ओर संकेत करता हो। और इस संकेत की चुभन या उसकी जवाबदेही से मैं बुरी तरह भयभीत हो उठता था।

''लालाजी, बनो मत ! दीखता तो सभी को है। दिन छिप गया और न तुम्हें खाने की सुध है, न पीने की।'' इसके बाद कुछ शैतानी से मुस्कराकर वे बोलीं, ''क्यों, बनी नहीं क्या ?''

उनके मज़ाक को समझते हुए भी गम्भीरता से जवाब दिया, ''और भाभी, बन भी नहीं सकती। घमंड मैं अपने सगे से सगे का नहीं सह सकता, चाहे कितना ही खूबसूरत हो या पढ़ा-लिखा। ऐसे घमंड को यहाँ जूती पर रखते हैं।'' आज भी नहीं कह सकता कि इतनी ज़ोर से मैंने बाबूजी की बात का जवाब दिया, घर में कहीं बैठी प्रभा को सुनाया, या सिर्फ भाभी से बात कही।

''सो तो बात हमें भी लगती है, लालाजी !'' भाभी ने इधर-उधर शंकित निगाहों से देखते हुए धीरे-से खुसुर-फुसुर करके कहा, ''प्रभा में थोड़ा-सा अपनी पढ़ाई और खूबसूरती को लेकर गुमान है। मुझसे पूछो, तो कोई ऐसी परीज़ादी भी नहीं है। यों अपनी उमर पर खूबसूरत कौन नहीं होती ! हम नहीं थे। अम्माजी नहीं थीं ?'' और कहने के साथ ही वह अपनी बात पर लजा गईं।

''हुँह !'' मैंने उपेक्षा से सिर झटका, ''ऐसी खूबसूरत हैं तब तो यह हाल है। अगर सचमुच खूबसूरत होती तो न जाने दिमाग का क्या हाल होता ?'' मैं ज़ोर से ही बोला था, ताकि वह भी सुन ले।

भाभी मेरी बात समझ गईं। खुशामद से बोलीं, ''तुम्हारे हाथ जोड़ूँ लाला, ज़रा धीरे बोलो, नहीं तो कोई ज़रा-से में समझेगा कि तुम्हें जाने क्या उलटा-सीधा सिखा रही हूँ।''

''सिखाने की क्या बात है, भाभी ! मैं क्या समझता नहीं हूँ ? अन्धा तो नहीं हूँ। कहता था कि मुझे इस कुएँ में मत डालो, मत डालो। पर तब तो तुम्हें भी ज़िद चढ़ी थी कि इसके गले में ही फाँसी का फंदा क्यों न पड़े ! बताओ, अब क्या करूँ ?''

"अच्छा छोड़ो लालाजी, तुम भी क्या ज़रा-ज़रा-सी बातों में सिर खपाया करते हो !" स्नेह और आत्मीयता से भाभी बोलीं, "चलो, खाना खा लो। सब धीरे-धीरे ठीक हो जाएगा। तुम्हारा भी खून गरम है और वह भी अभी बच्ची ही है। मैं समझा दूँगी उसे। तब भी उसे ऐसा करना नहीं चाहिए था। पर सबसे बड़ी मुश्किल तो यही है कि अपने को जाने क्या समझती है ! हमें तो बात करने लायक भी नहीं मानती। कोई आए, कोई जाए, न घूँघट, न पल्ला। बस, किताब ले आई है अपने घर से, सो उसे ही पढ़ती रहती है। और तो कुछ लाई नहीं है। जो है सो तो है ही, पढ़ाई का दिखावा बहुत है। खैर लालाजी, तुम अपनी पढ़ाई-लिखाई इस सबके आगे क्यों बरबाद करते हो !" फिर भाभी थोड़ी देर चुप रहीं। सोचती-सी बोलीं, "कल सुबह का खाना वही बना रही है। तुम्हारे भाई साहब तो कहते थे कि खाना क्या बनाती है, अमरित बनाती है; उँगली चाट-चाटकर खाओ तब भी सन्तोष न हो।"

"उन्हें क्या पता है ?" मैं सहसा पूछ बैठा।

भाभी कुछ चौंकी। फिर साधारण बात की तरह कहा, "देखने गए थे तो खा आए होंगे, तभी से तारीफ़ के मारे घर भरे दे रहे हैं। कल तुम्हीं देख लेना।" फिर वे मुड़कर चल दीं—"अच्छा आओ, तुम्हें मेरी कसम है, दो रोटियाँ खा लो। मैं चलकर परोस रही हूँ।"

सुबह से ही घर का वातावरण मुझे इतना बोझीला, दमघोंटू और उबानेवाला लग रहा था कि खाना तो क्या, पानी पीने की इच्छा नहीं हो रही थी। पर अब भाभी से बातें करके जाने क्यों मन हलका हो गया। चुपचाप उठकर रसोईघर में जा पहुँचा।

रात को फिर अम्मा-बाबूजी ने अप्रत्यक्ष और मुन्नी तथा भाभी ने साफ़-साफ़ मुझसे आग्रह करके कहा, "ऐसा होता ही रहता है। इस तरह की बातों पर ज़िन्दगी-भर के लिए लड़ा जाता है ? जिसके साथ सात भाँवरें डालकर लाए हो, उसे तो निभाना ही पड़ेगा। आखिर वह बेचारी करे भी क्या ? कसूर उसका ही हो तब भी ऐसे मौक़े पर माफ़ कर देना ही ठीक है। दो दिन बाद उसके भाई उसे लेने आ जाएँगे। क्या कहेगी घर जाकर हमारे बारे में ? सारी बिरादरी में बदनामी होगी सो तो होगी ही, सम्बन्धों में भी तनाव आ जाएगा। अब वह माफ़ी माँग लेगी।" पर इस सारे वातावरण में मुझे भी जाने कैसे ज़िद आ गई थी। मैंने भी मुन्नी से साफ़-साफ़ कह दिया, "आप लोग मुझे रात को यहाँ सोने देना चाहें तो सोने दीजिए, नहीं तो दिवाकर या किसी और दोस्त के यहाँ जाकर पड़ा रहूँगा।"

"लालाजी, जब तुम्हें ज़िद चढ़ जाती है तब तुम किसी की नहीं मानते। अब यह भी कोई बात हुई ! कभी-कभी तो बड़ों का कहना भी माना करो।"

"नहीं भाभी, नहीं, एक कहना मानकर तो यह सुख पाया। अब तो मेरा पीछा छोड़ दो।" उन सारे लोगों की बातों में जाने अस्पष्ट-सा क्या था कि मेरे हठ को बढ़ाए जा रहा था और कल की घटना कई गुना बढ़कर सामने आ रही थी।

तभी मैंने देखा, दरवाज़े पर कोई छाया-सी आई। वहीं द्वार के पास आकर खड़ी हो गई। भाभी ने देखा तो पास जाकर चौखटे के पास कान ले जाकर बोलीं, "क्या लाई हो ? दूध ? अरे, तुम क्यों लाईं ? कोई और नहीं था ? यह मुन्नी बीबी भी गज़ब करती हैं ! नई बहू को दो दिन बैठने दिया होता कि दूध लेकर भिजवा दिया। खुद ही ज़रा-सी तकलीफ़ कर लेतीं। अब यहाँ तक ले आई हो तो दे दो न ! शरम काहे की ?" तभी भीतर दूर से आवाज़ आई, "भाभी, अम्मा बुला रही है। सुबह के लिए दाल कितनी भीगेगी, बता जाओ।" मुन्नी थी।

"अच्छा, आई।" मेरी ओर रहस्य से मुस्कराती भाभी चल दीं। धीरे-से उससे कहती गईं, "माफी माँग लो, ऐसी बातों में क्या फ़ायदा, तुम्हीं छोटी बन जाओ।"

फिर वही रातवाला कमरा था। लाल डोरी में गहरे नीले रंग का बल्ब खूँटी के पास जल रहा था। अजब सपनीला-सा वातावरण था। मैं बल्ब की ओर यों ही देखता चुपचाप इस तरह बैठा रहा जैसे सारी दुनिया से बेखबर होकर कोई गम्भीर बात सोच रहा हूँ। मगर मेरी सारी चेतना दरवाज़े की ओर जा सिमटी थी। हाथ में गिलास और रेशमी साड़ीवाला आधा शरीर दिखाई दे रहा था। मैं मन ही मन उत्कंठा से प्रतीक्षा कर रहा था कि वह अभी आकर मुझसे माफ़ी माँगेगी, दूध पी लेने का आग्रह करेगी। अब मैं भी उसे माफ ही कर दूँगा। घर जाकर हमारे घर के बारे में कहेगी तो मुझे अच्छा नहीं लगेगा। उसे पता तो लग ही गया कि आदमी कितना जिद्दी हूँ।

एक मिनट...दो मिनट...पाँच मिनट...दस मिनट...काफी देर हो गई और यों बैठना भद्दा लगने लगा। मैं झटके से इस तरह से सचेत हुआ जैसे सोचते-सोचते कोई बात याद आ गई हो, और सहसा चौंक उठा हूँ फिर भी घुटनों पर हाथ रखे इस तरह बैठा रहा जैसे उठने ही वाला हूँ। और तब खड़ा होकर द्वार की ओर इस तरह चलने लगा जैसे मुझे पता न हो कि वहाँ कौन खड़ा है। निहायत लापरवाही में उसके स्पर्श से बचता हुआ मैं द्वार से निकल आया और वह दूध लिए यों ही चुपचाप खड़ी रही। बाहर आते समय भर्राए कंठ की झिझकती आवाज़ सुनी—"सुनिए !" पर मैंने कुछ नहीं सुना और इस तरह धड़धड़ाता हुआ बाहर

निकल आया जैसे मुझे किसी की चिन्ता नहीं है। आज फिर छत पर खुला आसमान तना था।

उस रात मैंने दो निश्चय किए। एक तो यह कि अब चाहे वह अपनी ओर से बोले या न बोले, मैं नहीं बोलूँगा। भरसक न तो कोई सम्बन्ध रखूँगा, न कोई इस तरह की कमज़ोरी दिखाऊँगा। दूसरे खूब ध्यान से पढ़ूँगा और अपने पुराने कार्यक्रम पर इस तरह लौट आऊँगा जैसे कुछ भी न हुआ हो। एक बुरा सपना देखा था, जो बीत गया।

सुबह खाना बना। न बोलने का निश्चय अभी भी यों ही था। लेकिन रात का यह निश्चय कि उससे कुछ सम्बन्ध न रखूँगा, अब कुछ अपनी ज़्यादती लगने लगा। न बोलूँगा और न अपनी ओर से कोई झुकाव ही दिखाऊँगा, यहाँ तक तो ठीक है; लेकिन उसके हाथ का बना खाना—कम से कम एक बार देखने के लिए ही सही—खाने में कोई बुराई नहीं लगी। हाँ, जाऊँगा तभी जब कोई खुशामद करेगा। वह तो खैर करेगी ही क्या ! काश...

उसके हाथ की रसोई को पहले मुझे ही खाना था। यों घर में विवाह के जितने भी रीति-रिवाज हो रहे थे उनसे मुझे कोई मतलब नहीं था। रोज़ पास-पड़ोस की औरतों की फ़ौजें आतीं और तीन बजे से रात के ग्यारह बजे तक बुरी तरह से ढोलक पीटी जाती। बाद में अंजलियाँ भर-भरकर बूँदी के लड्डू और बताशे बाँटे जाते। मुन्नी का तो गाते-गाते गला पड़ गया था। भाभी बड़ी-बूढ़ियों के पैर लगते-लगते और उनके लिए पान लगाते-लगाते बुरी तरह झल्लाने और बड़बड़ाने लगी थीं। ऐसे समय में अकेली कमरे में चुपचाप कोई किताब पढ़ती या अपनी समवयस्काओं से, जो उसे देखने या मिलने आई होतीं, बातें करती प्रभा के पास वे पानों की डलिया और पानदान रख जातीं। और जब कभी सुन आतीं कि छोटी बहू बड़ी से ज्यादा सुन्दर, सलीकेदार और शिष्ट है, तो आकर अपने आपसे बोलतीं, 'तुमने अभी तक पान नहीं लगाए बहू, वहाँ मौसीजी और अम्माजी मेरी जान खाए डाल रही हैं कि ला, पान ला। लाओ, मैं लगा डालूँ जल्दी-जल्दी। तुम नई बहू हो न, सो लजा रही हो ?' और फिर दो-चार लगे हुए पानों को ले-जाकर बाहरवालियों की बातों में शामिल हो जातीं कि इस शादी में उन लोगों को कितना कम मिला है।

मैंने भाभी से साफ़ कह दिया कि खाना ही क्या, उसके हाथ की मैं कोई चीज़ नहीं खाऊँगा। मैं असल में देखना चाहता था कि वह क्या कहती है। इतनी देर में अम्मा ने पहली बार कहा, "नहीं भैया, ऐसा नहीं करते। यह तो घर की रीति है। अन्न देवता का कहीं अपमान किया जाता होगा ?" इस सारे कांड में अम्मा

ने पहली बार मुझे समझाया था। यह मुझे आश्चर्य था कि वे मुझे डाँट क्यों नहीं रहीं। कभी-कभी तो घरवालों की इस अप्रत्याशित शालीनता को देखकर लगता था जैसे जो कुछ मैं कर रहा हूँ उसमें उन्हें खुशी ही है। लेकिन बात-बात पर डाँटनेवाली अम्मा चुप थीं, बस कभी-कभी मौसी से बहुत धीरे-धीरे कहतीं, ''क्या बताएँ पूनो, हमारा तो शादी करने का सारा हौसला ही खत्म हो गया।'' और गहरी साँस लेकर मानो शेष बात को दबा जातीं।

जब मुझे खाना खाने को बुलाया गया तो रसोई में मुन्नी, अम्मा, भाभी और अमर वगैरह सब बैठे थे। रसोईघर में खाना बनाने और खाना खाने की जगह को बाँटने के लिए छाती के बराबर ऊँची एक ईंट की दीवार उठा दी गई है ताकि बड़े-बूढ़ों का पर्दा बना रहे। वह उसकी आड़ में थी। मैं यह तो नहीं देख सका कि कैसे बैठकर वह खाना बना रही है, लेकिन थाली परोसते या थाली में कटोरियाँ चुनते हुए हाथ मुझे दिखाई पड़ रहे थे। अब मैंने मानो पहली बार देखा, हाथ गोरे थे, और हथेलियों और नाखूनों पर मेहँदी लगी थी। दो उँगलियों में सोने की नए डिज़ाइन की नौकाकार लम्बी-लम्बी अँगूठियाँ थीं, एक हाथ में सोने की चूड़ियाँ—काँच की चूड़ियों के बीच में, और दूसरे में काले रेशमी फीते से बँधी छोटी-सी रिस्टवाच। मुझे लगा जैसे हाथ काफी सुन्दर हैं, उँगलियाँ पतली-पतली और नाजुक हैं। पहली बार उसका चेहरा भरपूर देखने को मन हुआ। साथ ही अपनी उस सारी बेवकूफी की ऐक्टिंग पर गुस्सा भी आया।

काँपते दो हाथों ने थाली बढ़ाई तो भाभी ने सँभालकर मेरी ओर सरका दी। सब लोग चारों ओर से इस तरह झुक आए, जैसे मैं कोई जादू करनेवाला हूँ। थाली में तह की हुई पतली-पतली छोटी-सी दो रोटियाँ, तीन साग, एक दाल, रायता, दो चटनियाँ, पापड़ और अचार। देखकर ही भूख से मुँह में पानी भर आया। मुस्कराते हुए मुँह का पानी सटका और थाली अपनी ओर सरका ली। बड़ी नज़ाकत से पहला टुकड़ा लेकर दाल में डुबोया। सबको उत्सुकता थी कि मैं खाने की प्रशंसा किन शब्दों में करता हूँ। लेकिन जैसे ही ग्रास मुँह में रखा कि 'ओ-ओ' करता हुआ बाहर भागा। बाहर ज्यों-का-त्यों मुँह नीचे करके सारा उलट दिया। आँखों में बुरी तरह पानी भर आया।

''क्या हुआ ? क्या हुआ ?'' सब मेरी ओर स्तब्ध देखने लगीं। लगा, जैसे प्रभा के हाथ से बेलन छूटकर नीचे गिरा हो।

''हुआ मेरा सिर ! दाल कड़वी ज़हर कर रखी है। मुझे नहीं खाने यह छप्पन भोग !'' मैंने शहीदों की तरह झुककर एक टुकड़ा तोड़कर माथे से लगाया और फिर ज़ोर की ठोकर थाली में मारकर उछलती कटोरियों को बिना पीछे मुड़कर देखे

ही बाहर चला गया। शायद रुआँसी-सी आवाज़ भी सुनी थी, ''मैंने तो चख ली थी दाल।''

खूब बावेला मचा। ''बहू खाना बनाना नहीं जानती। अब यह सब भी सिखाना होगा।'' भाभी ने ताना कसा, ''दिखाते वक्त किसी को क्या पता कि खाना किसने बनाकर खिलाया है। बड़ी चली थी रिस्टवाच पहनकर खाना बनाने ! बोलो, घड़ी का तुम चूल्हे में करोगी क्या ? या तो फैशन ही कर लो या काम ही कर लो। अरे, पहली बार तो ठीक से बनाकर खिला देतीं ! अब चाहे अमरित ही बनाती रहो, यह बात तो अब आने से रही।'' अम्मा की बड़बड़ाहट सुनी, ''बड़ी आई, दाल तो मैंने चख ली थी ! अरे, तुम्हारे यहाँ निरा नमक खाया जाता हो, हमें क्या मतलब ? ज़रा कम ही डाल देतीं। दुबारा माँगने में कौन-सी इज्ज़त जाती है ! लो, अब इन्हें यह भी सिखाओ। हमें तो इस शादी में कुछ भी नहीं मिला। न लड़की ही मिली न...।''

जाने क्यों मुन्नी बिलकुल चुप थी। मुझे ऐसा लगा जैसे वह प्रभा की ओर है।

दूसरे दिन उसके भाई आए और वह उनके साथ चली गई। ज़िन्दगी में थोड़ी-सी हलचल आई, चर्चा हुई और फिर पहले जैसी गति आ गई। दूसरे दिन ही रसोई से उठनेवाली घी और पकवानों की खुशबू बरसों पहले की बात हो गई।

चार

''समर भैया, ज़रा इधर देखो, नीचे।'' नीचे से अमर की आवाज़ आई। वह भाई साहब की साइकिल साफ कर रहा था। झाँककर देखा, चौक के दरवाज़े में दो स्वयंसेवक खड़े थे। नीचे आया। ''कई दिन से आप आ नहीं रहे हैं। हमने सोचा कुछ तबीयत...'' सुबह इधर मैंने व्यायाम की दृष्टि से शाखा जाना शुरू कर दिया था। संध्या को 'बौद्धिक' जाता था। शादी और अपने मानसिक उद्वेलन के कारण जाने को मन ही नहीं हुआ। बड़ी मुश्किल से उन्हें लौटाया और निहायत उदास, पाँव घिसटाता हुआ लौट आया। ये लोग फिर आएँगे, यह आशंका ही अब डराने लगी।

सचमुच, एक तूफान की तरह वह आई और लहर की तरह चली गई। लेकिन घर में चली आती एक स्वाभाविक गति को जैसे किसी ने पकड़कर बुरी तरह झंझोड़ डाला। लगता है, जैसे कोई बहुत बड़ी दुर्घटना होकर चुकी है और उसके वास्तविक प्रभाव को सही रूप से आँक पाने में अभी मन असमर्थ है। मैं तो कहता हूँ, एक मुसीबत आई और चली गई। ठीक तो कहा है किसी ने–''दूर से पहाड़ी जैसी बड़ी और भयंकर दिखाई पड़नेवाली मुसीबत चाहे जितनी विशाल और विराट क्यों न दिखाई दे, निकट आने पर उसमें कहीं न कहीं पगडंडियाँ और रास्ते निकल ही आते हैं।'' एक बार अम्मा ने किसी से कहा, ''अपने लड़कों को लड़कियों की क्या कमी ? हम तो समर की दूसरी शादी कर देंगे।'' सुनकर मैंने शायद ज़िन्दगी में पहली या दूसरी बार ज़ोर से डाँट दिया, ''एक शादी ने ही निहाल कर दिया ! अब मुझे पढ़ लेने दो।'' वह फिर कुछ नहीं बोलीं, भीतर कहीं यह विश्वास है कि चाहे आज न बोलूँ, दो महीने, चार महीने, साल-दो साल न बोलूँ, लेकिन है तो वह मेरी पत्नी ही। अब जब दोनों के भाग्य बाँध दिए गए हैं तो निभाना तो पड़ेगा ही।

मेरी ज़िद के कारण पहले से कोई सौदा न किया जा सका और जितना उम्मीद थी उतना मिला नहीं, इसलिए अम्मा अक्सर ही कहतीं, ''कहें क्या चंदन, शादी के तो सारे हौसले मर ही गए।'' चंदन मामाजी का नाम है। उन्होंने ही शादी कराई थी। वे ताने से कहतीं, ''पढ़ी-लिखी लड़की के सिवा तूने कुछ और भी देखा बस ?''

विवाह के दिनों का सारा दिखावा समाप्त हो चुका था और अब वही कठोर यथार्थ आ गया था। चीनीवाले, गेहूँवाले सभी को पैसे देने में घर में रोज़ महाभारत होता। अक्सर ही बिना किसी कारण, बाबूजी अम्मा और भाईसाहब से कहते रहते, "अब आगे कैसा होगा, इस पर भी सोचा ?" उन्हें सिर्फ पचीस रुपए पेंशन मिलती थी। महँगाई भत्ता सब मिलाकर निन्यानवे भाई साहब को। शादी में साइकिल मिली थी, उसे ही घसीट रहे थे। बीमारी से शरीर बिलकुल जर्जर हो गया है, इसलिए अक्सर अम्मा चारपाई पर बैठी-बैठी माला जपती हुई कुछ बुदबुदाया करती हैं। दो-तीन बच्चे पढ़ने को हैं। अमर मैट्रिक देगा, सबसे छोटा कुँवर अभी छठे में है। सबको पढ़ाना है। मुन्नी है ही। मुझे इस बार वैसे भी इंटर पास कर लेना है।

हमारे घर में मुन्नी ही सबसे अभागिन है। मुझसे दो साल छोटी है। दो-तीन साल पहले, सोलह-सत्रह की उम्र में उसकी पढ़ाई छुड़ाकर शादी कर दी गई। 'इतनी बड़ी कर ली है' के लगातार प्रहारों से मजबूर होकर घर की कुछ चीज़ें बेच-बाचकर, कुछ भाई साहब की शादी में मिली चीज़ें मिलाकर दहेज दिया। उफ, क्या तंग किया बारातियों ने भी–हमारी खातिर यों होनी चाहिए, हमें यह चाहिए। ससुराल से मुन्नी के बड़े ही करुणापूर्ण खत आते। यहाँ आती तो बुरी तरह बिलख-बिलखकर रोती। सास और पति मिलकर जो-जो अत्याचार करते उन्हें किसी से कह भी तो नहीं सकती थी। इसका पता तो बाद को चला कि पति का चाल-चलन कैसा है और वह रातों कहाँ-कहाँ घूमता है। एक-डेढ़ साल तो गाड़ी रोते-झींकते खिंचती रही, लेकिन सास के मरते ही मुसीबतों का पहाड़ अर्राकर टूट पड़ा। अब पतिदेव का हाथ पकड़नेवाला कौन था ! उसने जाने किसको लाकर घर में डाल लिया। सुनते हैं, कोई ब्राह्मण जाति की थी। नौकरानी की तरह अपनी और अपनी उस रखैल की मुन्नी से सेवा कराता, और दो-दो, तीन-तीन दिन खाना नहीं देता था। और भी न जाने कितने कहे-अनकहे अत्याचार किए। मुन्नी तो बताती ही नहीं थी। रात-रात-भर इसकी दोनों हथेलियों पर खाट के पाए रखकर इसे कुढ़ाने और जलाने को अपनी आनन्द-क्रीड़ा के प्रदर्शन किए जाते और एक दिन सारे शरीर पर बेंतों के फूले हुए नीले निशान लेकर मुन्नी सुबह-सुबह फिर हमारे यहाँ आ गई। बस तब से यहीं है।

अब तो उसे देखते ही मन जाने कैसा हो जाता है। इच्छा होती है, उसके पति को पकड़कर भरे बाज़ार में ठोकरों और कोड़ों से खूब पीटूँ–'राक्षस, अपनी फूल-सी बहन हमने इसलिए तुझे दी थी ? देख, शरीर पर चोट यों लगती है।' और मैं मन ही मन दाँत पीसता उसकी काल्पनिक तसवीर की इतनी मरम्मत

करता कि उसके मुँह से झाग निकलने लगते। मुन्नी तो पता नहीं कुछ सोचती भी है या नहीं। अधिक से अधिक चुप और तटस्थ रहना उसका स्वभाव हो गया है। सब नीचे होंगे तो वह ऊपर अकेली बैठी-बैठी एकटक ताका करेगी। ऊपर से आई तो सिकुड़ी-सिकुड़ाई-सी सबकी निगाहों से बचती रहेगी। जाने क्या उलटा-सीधा सोचा करती है, भीतर जैसे उसे कोई चीज़ पीसे डाल रही हो। हम सब देखते रहते हैं, वह दिन-दिन पीली पड़ती चली जा रही है। अठारह-उन्नीस बरस की चमकते मोती-सी उम्र झुर्रियों और दुख के पाले में मुरझा गई है। लेकिन करें भी तो क्या ? अब तो शायद ज़िन्दगी भर उसे यहीं रहना है। बाबूजी ने उस आदमी को कितना लिखा है, शहर और बाहर बिरादरी के प्रमुख लोगों द्वारा उस पर कितना दबाव डलवाने की कोशिश की है, लेकिन कुछ नहीं होता। खुद इतना पढ़ी-लिखी नहीं कि कुछ कर सके। दिन-रात पढ़े-लिखे तो पाँच-छः साल में इतना पढ़ पाएगी कि तीस-पैंतीस की मास्टरनी बन सके। सिलाई-कढ़ाई सीखने में भी दो-एक साल चाहिए। फिर इतना पैसा भी एक समस्या है। यहाँ लड़कों को पढ़ाने की आफत मची रहती है। मुन्नी जब आई-आई थी तो सभी उसके प्रति हमदर्दी दिखाते, उसे हिम्मत बँधाते थे। अब तो प्रायः सभी भूल चुके हैं। हाँ, अगर नहीं भूली है तो वह स्वयं कि घर के ऊपर वह बोझ है।

शादी के बाद अब जाने क्यों लगता जैसे घर की वास्तविक हालत मुझे जान-बूझकर दिखाई जाने लगी है। लगता ही नहीं कि मेरी शादी भी हुई थी। वह तो शायद कोई और था। अब तो बहू की बात भी घर में कोई नहीं करता। लगता है, जैसे मेरी अनिच्छा को ज़रूरत से ज्यादा महत्त्व दिया जा रहा है। किसी एक बाहरी आदमी को घर का आदमी माना जाने लगा है, इसे सब भूल गए हैं। हाँ, एकाध बार भाभी ने प्रसन्न मनःस्थिति में हँसकर कहा था, "ठीक है लालाजी, सब ढंग पर आ जाएगी। औरत को जब तक दबाकर नहीं रखा जाता, हाथ नहीं आती। और जहाँ पहले से ही गुमान बढ़े हों वहाँ तो फिर कहना ही क्या है ! औरत तो लकड़ी का बन्दर है, हमारे बाबा कहा करते थे। इतना भी मुँह न लगाए कि आदमी को आगा-पीछा कुछ दिखाई न दे। चाहे जितनी पढ़ लो, चाहे जितनी सुरग की परी बन लो, काम तो वही करना पड़ेगा। आदमी को काम प्यारा होता है, चाम नहीं। अब इसमें क्या फ़ायदा कि किताबें तो तुमने लाखों पढ़ लीं, आने के नाम खाक-धूल कुछ नहीं। हमें तो लालाजी, तुम भराभर नींद में उठा दो, बिना देखे, सारा मिर्च-मसाला डाल देंगे। नाक कटा दें जो ज़रा भी कम ज़्यादा हो जाए।" फिर अपने घर की बात बताने लगतीं, "हमारे बड़े भैया की बहू भी ऐसी ही आई थी। किसी को अपने सामने बदती ही नहीं थी। सो भैया को यह सब कहाँ

बर्दाश्त ! दो दिन में सारा नज़ला झाड़ दिया। वो तो किसी-किसी की आदत ही होवे है लालाजी, बिना पिटे-कुटे ठीक रास्ते पर नहीं चल सके। अब भाभी बिलकुल ठीक हैं। भैया की भौं पर बल देखा नहीं, कि पत्ते की तरह यों काँप जावें।'' और उन्होंने पंजा कँपकँपाकर पत्ते के काँपने का रूप रखा।

जाने क्यों मेरा मन बड़ा भारी-भारी और रोगी-सा रहने लगा है। जब देखो तब यह रुपए-पैसों की तंगी का बखान। हमेशा यह संकेत कि हमारी मदद करो। मैं तो इन लोगों के सामने पड़ते डरता हूँ। एक दिन पूछा था, ''आप चाहते हैं मैं एफ.ए. का इम्तिहान दूँ या नहीं ?'' तो झट भैया बोले, ''पढ़ने को कौन मना करता है ?'' मैंने कहना चाहा, 'तो फिर यह दिन-रात की झिक-झिक बन्द कीजिए, पढ़ाने का एहसान भी है और पढ़ने भी नहीं देना चाहते।'

कभी-कभी तो मन में बड़ी प्रबल तड़प जागती है कि इन सबको भूल-भालकर पढ़ने में रात-दिन एक कर दूँ। जो जिसकी इच्छा हो, सो बकने दो। अपने भीतर एक और अजब बात अनुभव हो रही है। पहले जैसे एक अल्हड़ निश्चिंतता से मन ओत-प्रोत रहता था, उज्ज्वल और उन्नत भविष्य के सपने मन-प्राण में झिलमिलाया करते थे, वे सब बुझते चले जा रहे हैं। जो कुछ मैं करूँगा वह सामने दीखने लगा है। एक अद्भुत वितृष्णा और विरक्ति भारी निहाई की तरह जमी है और उस पर ये सारी बातें घन की तरह बज उठती हैं—एक खोखली खनखनाहट और सूनी धमक से सारा अन्तर्लोक विक्षुब्ध और संत्रस्त हो उठता है। घर में रहने को मन नहीं करता। दोनों वक्त खाना और सोना मजबूरी है। चुप मैं पहले भी रहता था, अब भी रहता हूँ। लेकिन पहले की चुप्पी आत्म-तृप्ति और संतुष्टि की चुप्पी थी और यह चुप्पी तो जैसे आरे की तरह भीतर ही भीतर अपने को रेते जा रही है। किसी भी काम में मन नहीं लगता। डैमोक्लोज की लटकती तलवार की तरह बोर्ड के इम्तिहान अपनी निश्चित, क्रूर मंथर गति से झुके चले आ रहे हैं। कभी जब उसका ध्यान आता है तो छुरे के नीचे पड़े बकरे की तरह सारा अस्तित्व काँप उठता है। कॉलेज में पीरियड हो या न हो, दस से चार बजे का समय मैं इधर-उधर भटक-भटककर ही काट देता हूँ। कभी होस्टल में किसी के यहाँ जा बैठे, या किसी के घर चले गए। समझ में नहीं आता, मेरे भीतर क्या था जो खो गया। मैं एक और बात को भी समझने लगा हूँ कि लोग मुझे बिलकुल बेकार का ऐसा आदमी मानने लगे हैं जिसे कोई काम-धाम नहीं, दिन-भर बस मन-भर का मुँह बनाए घूमता रहता हो। उनकी आँखों में तैरती अवज्ञा और अनादर मन के भीतर की कोमलता पर तेज़ाब की लकीरें खींच जाते हैं। और जब इसे सहा नहीं जाता तो बाहर पार्क में जा बैठता हूँ। तीन-तीन, चार-चार घंटे पड़ा रहता

हूँ। उठने को जी ही नहीं करता। पड़ा-पड़ा जाने क्या-क्या सोचा करता हूँ। या तो वे बातें इतनी अधिक हैं कि मुझे याद नहीं हैं या कुछ भी नहीं सोचता। अचानक जब इस बात का ध्यान आता है कि निरुद्देश्य पड़े-पड़े बहुत वक्त हो गया तो पाँव घसीटता घर आ जाता हूँ। घर में कौन आया, कौन गया, क्या हुआ कुछ भी जानने की इच्छा नहीं होती। लाख अपने पर झुँझलाता हूँ। पहले जैसा निश्चिंत बनने को तड़पता हूँ, लेकिन बोझ है, टलता ही नहीं है।

व्यर्थ, व्यर्थ, सारी जिंदगी मेरी बेकार गई। निरर्थक और निरुद्देश्य रहे हैं वे दिन, जो मैंने जिए हैं और आगे वाले दिनों के सामने भयंकर अन्धकार की दीवार खड़ी हो गई है। वहाँ कोई राह ही नहीं दीखती। हर काम करने से पहले सामने प्रश्न आता है—क्या होगा इसे करके ? क्या फायदा ? जैसे संसार की हर चीज़ निर्लक्ष्य और अनावश्यक हो। ज़िन्दगी के रस-भरे स्पंज को जैसे किसी क्रूर मुट्ठी ने भींचकर निचोड़ दिया है। बस कुहासा है जो मन और आँखों के आगे छाया रहता है और निरन्तर एक बर्फीली सीलन से उन्हें निष्प्राण रखता है।

अनुभव करता हूँ, जैसे मकड़ी के जाल में फँसी मक्खी-सा मैं किसी चक्कर में उलझ गया हूँ जो मेरी सारी जीवन-शक्ति का अपहरण करके मुझे बूँद-बूँद सुखाकर बाकी बचे फोक की तरह मेरे कंकाल को छोड़ जाएगा कि मैं खुद मर जाऊँ। देख रहा हूँ, महसूस कर रहा हूँ कि मेरी आँखों की ज्योति और होंठों की मुस्कराहट चली जा रही है, गलती जा रही है, लेकिन आखिर रोकूँ कैसे ?... यह घर की चख-चख, यह हमेशा अपने मन में किसी अपराध की ग्लानि और परिताप, यह धू-धू करता सपनों का लाक्षागृह।

कॉलेज के लड़कों को देखता हूँ, जो बात बिना-बात हो-हो करके ज़ोर-ज़ोर से हँसते हैं। लापरवाह रहते हैं और कभी इसको बनाते हैं कभी उससे मज़ाक करते हैं। मुझे लगता है, इनमें से मैं किसी को नहीं पहचानता। ये चलती हुई लड़कियों पर आवाज़ें कसना, इशारे करना, उनके ताँगों के पीछे चक्कर काटना, या धर्मशालाओं में आकर ठहरी हुई सहायता माँगने आनेवाली शरणार्थिनी औरतों के साथ के अपने झूठे-सच्चे किस्से बखानना, अभिनेता-अभिनेत्रियों की बातें करना या क्रिकेट के खिलाड़ियों की बहसें करना, मुझे सब एकदम नकली और झूठे लगते हैं। यही क्यों जहाँ कुछ प्रबुद्ध लड़के राजनीति पर बहस करते हैं, कम्युनिज़्म से भारतीय संस्कृति के संभावित खतरों की बातें करते हैं, वहाँ जाने को भी मन नहीं करता। लगता है, ये सब लोग ऐसी बातें करते हैं जिनका ज़िन्दगी से कोई सम्बन्ध नहीं है। इन सब पर मुझे झुँझलाहट भी आती है कि ये लोग चुप क्यों नहीं बैठते ? क्यों दिन-रात बड़-बड़ करते रहते हैं ? क्यों

बेवकूफों की तरह उछलते-कूदते रहते हैं ? क्या फायदा इन बातों से ? भाई, मधुबाला संसार की सबसे सुन्दर एक्ट्रेस सही और अशोक कुमार बुड्ढा होकर भी कमाल करता है, फिर तुम्हें उन सबसे क्या लेना-देना ? माना कि असली खेल की अपेक्षा उसकी रनिंग-कमेंट्री लाख दरजे रोचक होती है और स्तालिन की लड़की की बड़ी-बड़ी करतूतें खुल रही हैं, फिर ? आप आखिर क्या चाहते हैं ?—सब मिलाकर बाहर का यह सारा जीवन निरानन्द, खोखला और अनावश्यक लगता है। कभी-कभी इन लोगों से बड़ा रश्क होता है कि क्यों नहीं मैं भी इन सबकी तरह जी खोलकर हँस-बोल सकता, क्यों नहीं उछलकर रास्ते में पड़े सिगरेट के डिब्बे में किक लगाने को मेरा मन करता ? मगर मैं करूँ क्या, मन ही मर गया है। कॉलेज के लड़कों से दिन-रात 'मनहूस-मनहूस' सुनते-सुनते लगता है, जैसे मैं बीस साल और बुड्ढा हो गया हूँ। एक गहरी निराशा, सूक्ष्म किन्तु व्यापक थकान मेरी रग-रग में बैठ गई है।

बादलों के पार लहराता यह भगवा-ध्वज मुझसे दिन-दिन दूर होता चला जा रहा है। लगता है सिनेमा देखे बरसों हो गए हैं। विवाह के दिनों में एकाध देखा था। जाने कैसे मन में यह बात समा गई है कि विवाह के बाद अम्मा-बाबूजी से पैसे माँगने का अधिकार छिन गया है। निराश और हताश... मैं अकेला पड़ गया हूँ ! कभी-कभी गीता पढ़ता हूँ तो क्षणिक शान्ति मिलती है। मंदिर के एकांत में बैठकर सोचने में सुख मिलता है। बस, उसी समय लगता है जैसे मैं सब कुछ भूलकर आया हूँ। दुश्चिंताओं और परेशानियों से फटती नसों को यहाँ का सुगंधित अगरू धूम्र सहला-सहलाकर सुला देता है। हाँ, लौटते समय लगता है जैसे फिर उसी काँय-काँयवाली दुनिया में जा रहा हूँ जहाँ मनुष्य कोल्हू में पेला जा रहा है। लेकिन एक घटना के बाद अब मंदिर जाना भी छोड़ दिया है—क़मीज़-पाज़ामा पहने एक निहायत ही कमज़ोर, मरा, भिनकता-सा पंजाबी शरणार्थी मंदिर में घुस आया था और प्रसाद माँग रहा था। पुजारीजी ने बाहर बरगद के नीचे जलती धूनी की लकड़ी से उसे कुत्ते की तरह जैसे मार-मारकर भगाया—उस दृश्य से मेरे मन में कुछ फट गया। बोला मैं कुछ नहीं, सिर्फ देखता रहा, जैसे छः मंज़िल ऊपर से नीचे का दृश्य देख रहा हूँ, लेकिन मंदिर में वह मेरा अंतिम दिन था।

हर क्षण ऐसा लगता रहता है जैसे सबने मिलकर मेरे विरुद्ध षड्यंत्र कर लिया है कि इसे अकेला छोड़ दो। सीधे मुझसे कुछ न कहना, मेरे प्रति अपमानजनक उदासीनता दिखाना या ढाल-ढालकर इशारों में सब कुछ कहते रहना मुझे दिन-रात खाए जाता है। जैसे हर आदमी मुझसे ऊबा हुआ है, हरेक को मुझसे घृणा है। सबके चेहरों पर मेरे लिए है एक तीखा तिरस्कार। मुझे इससे

डर लगता है। घर की ओर आते हुए एक विचित्र आतंक से मन धड़कता रहता है।...मेरे विवाह ने आपकी आशाओं को पूरा नहीं किया...यह भी क्या मेरा ही अपराध है ? कभी-कभी मन में बड़ी ललक उठती है, अम्मा मुझे बुलाकर कुछ पूछती क्यों नहीं हैं ? भाई साहब को मेरी ओर देखने की भी फुरसत नहीं मिलती। बाबूजी के प्रति मेरा भय दिन-दूना रात-चौगुना बढ़ता ही जाएगा ?

मैं प्रभा के बारे में ज़रा भी नहीं सोचना चाहता, लेकिन घर में उसकी बुराई की कथा का कोई न कोई अंश आए-दिन कान में पड़ता रहता है, तो मन में हलका विरोध उठता है। क्या इन लोगों को कोई और काम नहीं है ? मैंने कहा था कि मेरे पाँव में यह चक्की बाँध दो ? जाने कैसी घमंडी लड़की मेरे माथे मढ़ दी है लाकर, और सारा दोष भी मुझे ही मिल रहा है। अक्सर ही मैंने उसके चित्र को मन में दुहराया है और पाया है कि निश्चय ही उस सारे व्यवहार की जड़ में उसका अहंकार है। लेकिन जब भी तटस्थ होकर सोचता हूँ तो खुद ही पूछता हूँ–यह हो कैसे सकता है कि मेरी पत्नी चार दिन मेरे घर रही हो और मैं उससे एक शब्द भी न बोला हूँ !

और जब यह सब सहा नहीं जाता तो इच्छा होती है, कहीं एकांत में बैठकर इतना रोऊँ, इतना रोऊँ कि बेहोश हो जाऊँ, और वह बेहोशी कभी न टूटे...फिर भी मन में यह क्या कमज़ोरी है कि कामना करता हूँ, रोते समय तकिए का गंदा लिहाफ होंठों से न रगड़ा जाए, माथा मंदिर के ठंडे संगमरमर के खंभे से न टिका हो, और गालों पर लॉन की सूखी घास न चुभती रहे...नहीं जानता, इनकी जगह क्या हो तो मुझे शान्ति मिले...!

पाँच

एक दिन खाना देते समय मुन्नी ने पूछा, "भैया, तुम भाभी से ज़रा भी नहीं बोले ?"

मैंने आशय जानने के लिए उसका चेहरा देखा और थाली अपनी ओर खींचते हुए संक्षिप्त-सा उत्तर दिया, "नहीं।" स्वर में ज़रा भी उत्सुकता नहीं थी। हाँ, कुतूहल ज़रूर हुआ कि मुन्नी को यह बात सूझी क्यों।

"दूसरी शादी करोगे ?" वह चूल्हे के सामने बैठी एक कोयले से यों ही जमीन पर निरर्थक कुछ काढ़ती रही।

"हाँ-हाँ, एक शादी कराके तो उसे गला रही हो, दूसरी किसके नाम को रोएगी !" अचानक मेरे मुँह से निकला। तभी सहसा पहली बार क्षण के एक अविभाज्य खंड में यह बात मेरे सामने बिजली-सी कौंध उठी कि हम सब घरवालों के व्यवहार से प्रभा जाने कितनी दुखी हुई होगी। उसकी ओर से कभी भी किसी ने सोचा ही नहीं। अब तो इस तरह सब उसे भूल गए हैं, जैसे वह मर गई हो। अचानक दिमाग में आया, कहीं अत्यंत दुखी होकर उसने यहाँ यह तो नहीं लिख दिया कि अगर मैं उससे खुश नहीं हूँ, तो दूसरी शादी कर लूँ। पढ़ी और सुनी, इस तरह की कई लड़कियों की बातें दिमाग में आईं। मन हुआ पूछूँ, प्रभा ने कुछ लिखा है क्या ? निगला हुआ कौर न जाने किस शक्ति से उलटकर ऊपर आने लगा। मुझे खाना बेस्वाद लगने लगा, भूख मर गई ! उठते हुए ज्वार को एक-एक घूँट पानी से दबाकर पूछा, "तुझसे कौन कह रहा था—अम्मा ?"

"नहीं, यों ही पूछा मैंने तो," मुन्नी टाल गई। फिर जाने क्या मेरे चेहरे की ओर देखकर बोली, "रात को खाना-वाना खाकर जब भाभी अम्मा के पैर दबाती रहती हैं न, तभी अक्सर इस तरह की बातें होती रहती हैं।" वह अपनी कलाई ऊँची करके हाथ की चूड़ियाँ उठाती-गिराती रही।

"मुन्नी, मैं सच कहता हूँ, मैं घर छोड़कर भाग जाऊँगा। भले ढंग से पढ़ना चाहता हूँ सो पढ़ाया तक तो जाता नहीं; अब चार-चार शादियाँ करके रख दो।" मैंने रुआँसे स्वर में कहा।

वह थोड़ी देर चुप रही, फिर बोली, "अच्छा भैया, एक बात बताएँ ?" स्वर

में लगा जैसे कोई रहस्य खोलना चाहती हो।

मेरे चेहरे पर सवाल उभर आया। तभी सहसा द्वार पर भाभी खड़ी दिखाई दीं। पूरा खाना बनाने की जल्दी में सिर्फ नहाकर चली आई थीं। ढेर के ढेर निचुड़े कपड़े कंधों पर पड़े थे। देखते ही बोलीं, 'ओह, आज तो मुन्नी बीबी खाना दे रही हैं ! मैं इसलिए भागी आई कि लालाजी तो चुपचाप बैठे होंगे कि कोई खाना दे-दे तो खा लें। फिर उठकर चले जाएँगे बिना खाए-पिये। हमारे लालाजी को तो जाने क्या हो गया है !'' वह धीरे-से मेरे सामनेवाली दीवार से पीठ टिकाकर बैठ गईं। थकान से हाँफ रही थीं। पेट से थीं। कंधे से सारे कपड़े उतारकर मुन्नी की ओर बढ़ाकर खुशामद के स्वर में बोलीं, ''मुन्नी बीबी, कैसी अच्छी हो, ज़रा इन्हें सुखा दो।''

''अच्छा जी, तुम्हें हम ही मिले हैं काम कराने को ? अपने-आप क्यों नहीं सुखा आतीं ?'' मुन्नी ने नखरे से कहा।

''तुम्हारी कसम बीबीजी, सारे हाथ टूट गए धोते-धोते। तुम्हारे पैरों पड़ूँ, ज़रा चली जाओ !'' भाभी ने अत्यंत थके हुए स्वर में कहा और कुछ विचित्र-सी दृष्टि से मुन्नी की आँखों में देखा। फिर खुद ही हँसकर झेंप गईं। मुन्नी भी हँस पड़ी और कपड़े लेकर चली गई।

मैं छोटे-छोटे टुकड़े खाता रहा। खाने की कतई इच्छा नहीं हो रही थी। भाभी थोड़ी देर माथे पर हाथ रखे अपलक कुछ सोचती रहीं, जैसे मुझे खाते देखकर कोई बात उनके दिमाग में आ रही हो। फिर अपने-आपसे बोलीं, ''इस बार तो दीवाली से पहले ही काफी जाड़ा पड़ने लगा। दीवाली के कितने दिन और हैं, लालाजी ?''

''होंगे दस-पंद्रह दिन और।'' मैंने लापरवाही से उत्तर दिया।

उँगलियों की पोरों पर हिसाब लगाकर वे बोलीं, ''इस दीवाली को ठीक छः महीने हो जाएँगे तुम्हारी शादी को।''

अरे छः महीने बीत गए ! एक-एक दिन चाहे जितनी घुटन में काटा हो, लेकिन अब लगा यह समय कितनी जल्दी गुज़र गया ! पता नहीं इस बीच में प्रभा का क्या हुआ ? घर में एकाध पत्र तो आया ही होगा। सोचा, बाद में मुन्नी से पूछूँगा, लेकिन मुन्नी मुझसे कहना क्या चाहती थी ? आज ये सब लोग मेरी शादी की ही बातें क्यों कर रहे हैं ? इधर मेरे स्वभाव में यह विचित्र बात आ गई है कि उत्सुकता और उल्लास एकदम मर ही गए हैं। जानने की उत्कंठा एकाध बार मन में उठी और मर गई। सोच लिया, शायद घर में ही कोई बात हुई होगी।

''तुम्हारा ब्याह भी क्या हुआ, लालाजी !'' बड़े निराश और अपनेपन के स्वर में गहरी साँस लेकर भाभी अन्यमनस्क स्वर में बोलीं, ''क्या-क्या अरमान थे, सब

पर पानी फिर गया। लेन-देन की तो ख़ैर कोई बात नहीं, एकाध साल में आई-गई बात हो जाती है। लेकिन वह महारानीजी तो ज़िन्दगी-भर को बँध गईं। उन लोगों ने शायद भेजने को लिखा है।''

उनकी पिछली बात न सुनकर मैं बोला, ''तुम्हें ही बड़ा शौक लगा था। तुम्हीं मरी जाती थीं कि बहू ऐसी है, वैसी है।''

''लो, सुनो लालाजी की बातें ! मैं क्या उसके पेट में घुस के देख आई, सुनी-सुनाई बात मैंने कह दी।'' फिर गहरी साँस ली, ''ओफ्फो, हद है घमंड की भी ! आने-जाने के नाम खाक-धूल नहीं और घमंड ऐसा ! कसम से कहती हूँ, मैं तो इतनी बड़ी हो गई, ऐसी घमंडिन औरत अपनी ज़िन्दगी में नहीं देखी। बोलो, गुन-करतब हों तो नखरे भी सहे जाएँगे, कोरे नखरे कौन उठाएगा ? असल में उन्होंने लेना चाहा पढ़ाई और खूबसूरती के रोब में, सो ऐसी राजा इंदर की परी भी नहीं लगी।'' भाभी मेरे मुँह के भाव देखने को चुप हो गईं। फिर न जाने क्या सोचकर बोलीं, ''हँसी तो मुझे तब आई जब घड़ी हाथ में बाँध के रानीजी चौके में पहुँचीं। वो तो मैं ही चुप हो गई, लेकिन जब उसने कहा कि दाल तो मैंने चख ली थी अम्माजी, तो उसी पर ज़मीन-आसमान एक कर देतीं। मैंने कहा, जाने दो। बोलो, जिस आदमी को सबसे पहले खाना है, पहले वह खाएगा। तुम चखनेवाली होती ही कौन हो !''

मैं ऊब उठा। कॉलेज को देर हो रही थी। कहा, ''भाभी, कॉलेज को देर हो रही है। यह खाया नहीं जाता। मुन्नी ने ज़्यादा रख दिया है।'' और मैं उठ आया।

वह पीछे से कहती रहीं, ''हाय, अभी तुमने खाया ही क्या है। लालाजी, तुम्हें मेरी कसम है, इस रोटी को तो मत छोड़ो।''

''नहीं भाभी, पीरियड खत्म करके आऊँगा, तब खा लूँगा।''

चलते-चलते सुनाई दिया, नकली हँसी में लपेटकर कहा गया उनका वाक्य, ''आ तो रही है, लेकिन दबाके रखना लालाजी, कहे देती हूँ, कसम से, पछताओगे।''

पुरुषों की चुप्पी और स्त्रियों का यह विचित्र व्यवहार... समझ में नहीं आता, इन दोनों का क्या अर्थ समझूँ ! लेकिन मन जैसे सुबह से ही बिगड़ गया। आज अचानक बार-बार मन की उदासी से यह बात उठ-उठकर झाँकने लगी कि छः महीने हो गए, जाने उसका क्या हुआ ? मुझे क्या वह एक ख़त तक नहीं लिख सकती थी ? शायद मैं पढ़ता और उपेक्षा से फाड़कर फेंक देता। लेकिन उसे क्या पत्र भी नहीं डालना चाहिए था ? इस बीच में कैसी होगी वह ? उस आघात के बाद उस पर क्या असर पड़ा होगा ? न जाने क्यों एक दुर्निवार मचलन हृदय में

हुई कि किसी तरह उसके बारे में कुछ जानूँ। क्या-क्या कहा होगा उसने अपने घर जाकर ?

कभी-कभी तो मैं सिहर उठता हूँ। सारी ज़िन्दगी इस घमंडी लड़की के साथ कैसे कटेगी ? हमारा और उसका भविष्य क्या होने जा रहा है ? और यह फिर नए सिरे से उठनेवाली दूसरी शादी की बात ?...कहीं मुन्नी इसी के बारे में तो नहीं कह रही थी ?

बोर्ड की फीस माँगने अम्मा के पास गया तो पच्चीस रुपए का नाम सुनकर ही उनका मुँह खुला रह गया, "हाय, इतने रुपए मेरे पास कहाँ हैं, भैया ! अपने बाबूजी से ही माँगना।" बाबूजी से न माँगना पड़े इसलिए तो मैं अम्मा के पास गया ही था। अब दिल धड़क उठा। एक बार भाई साहब, भाभी से माँगने की बात भी मन में आई, लेकिन जानता था कि या तो उनके पास भी नहीं होंगे, या जो वक्त-बेवक्त के लिए पच्चीस-तीस रखे भी होंगे, उन्हें वे देंगे ही नहीं।

"बाबूजी, कल बोर्ड की फीस जानी है," जैसे-तैसे मैं उनके पास जाकर मानो अपने-आपसे बोला। पहले तो चुप बैठा रहा था, फिर सिर झुकाकर निहायत ही मरियल स्वर में कहा था जैसे शराब पीने के लिए रुपए माँग रहा हूँ।

साँझ-घिरे बाबूजी एक खाट की अदवायन को कस रहे थे। मेरी ओर पहले तो देखते रहे, फिर घनघनाती-सी आवाज़ में बोले, "कितनी ?"

"पच्चीस..." शब्द का उच्चारण मैंने इस तरह किया मानो मेरे जीवन की पच्चीस साँसें ही बाकी रह गई हों।

"हूँ," उन्होंने हुंकारी भरी और फिर एक रस्सी को खींचा। उसे कुहनी से दबाकर बोले, "ये मेरी पेंशन के पच्चीस रुपए आए हैं, सो इन्हें तुम ले लो। हमारा क्या है, हमें तो हड्डे पेलने हैं ज़िन्दगी-भर, सो तुम्हारे लिए करेंगे। करम में लिखा के लाए थे कि लड़के धींगरे-ऊँट हो जाएँ तब तक खिलाना, सो खिलाएँगे। कल-परसों अमर रो रहा था कि उसकी फीस भी जानी है। अभी दीवाली गई है, खर्चे के मारे ढेर हुआ जा रहा है। कमानेवाला वही एक धीरज है, सो उसे तुम चूस के खा जाओगे, साफ दीख ही रहा है।" उन्होंने क़मीज़ के भीतर हाथ डालकर बनियान की जेब से नोट निकाले, और बिना गिने ही मेरे सामने खाट पर डाल दिए। "अब उठा लो इन्हें, यों खड़े-खड़े मेरा मुँह क्यों ताक रहे हो ?"

मेरी हिम्मत नहीं थी कि सामने पड़े नोटों को उठा लूँ। एकदम मन में आया कि यों ही उल्टे पैरों चला जाऊँ और इस सारी पढ़ाई-लिखाई में लात मारकर कहीं से लाकर रुपयों का इतना बड़ा ढेर लगा दूँ कि इन लोगों का भी मन भर जाए।

कहूँ, लो रुपया, कितना चाहिए, रुपया...रुपया...रुपया...

एक बार मुझे यों ही खड़ा देखकर बाबूजी ने फिर सिर झुका लिया फिर एकदम बदले हुए स्वर में बोले, ''कितनी परेशानियाँ हैं समर। तुम्हीं सोचो। हमारा ही दिल जानता है। बताओ, मैं करूँ क्या ? कहीं दुबारा नौकरी करने को हाथ-पैरों में दम नहीं है। इधर उस धीरज की बहू के दिन भी पूरे हो रहे हैं...जान को एक नई आफत। बड़ी बहू का पहला बच्चा है, तुम जानो कम खर्च होगा ? सारे बच्चे स्कूल-कॉलेज जानेवाले हैं। ठीक समय पर उन्हें भी खाना-पहनाना होना चाहिए। तुम्हारी अम्मा चूल्हे में सिर झोंकते-झोंकते इस हालत को आ गई हैं। बुढ़ापे का शरीर। बहुत किया उस बेचारी ने भी। अब उससे नहीं होता। तीसियों साल से बिना साँस लिए वही तो करती रही है। न हो तो ज़रा जाकर अपनी बहू को ही लिवा लाओ, कुछ तो मदद मिलेगी। नौकरी, कॉलेजवालों को खाना तो ठीक समय पर मिल जाएगा। कुछ मुन्नी हाथ बँटा लेगी। अब मुन्नी को भी यहीं रहना है। सारी बिरादरी के लोग थूकते हैं, लेकिन करें क्या, एक मुसीबत है ?''

सारी स्थिति को बाबूजी के दृष्टिकोण से देखकर उस क्षण सचमुच उनकी मजबूरी पर मुझे बड़ी दया आई। अगर वे कटखने या चिड़चिड़े हो गए हैं तो इसमें उन बेचारों का क्या कसूर है ? बेचारे कहाँ तक करें ? गले का घूँट लीलकर बड़ा साहस करके मैंने कहा, ''बाबूजी, अमर को भेज दीजिए, मैं नहीं जाऊँगा।''

उनका स्वर एकदम बदल गया। कड़ककर बोले, ''अमर चला जाएगा। तुम्हारा तो दम निकलता है बहू का नाम सुनकर। भेड़िया है न, सो खा जाएगी ? अच्छी थुकावा औलाद हुई है ? सब अपने-अपने को न जाने किस लाट साहब का बच्चा समझते हैं ? किसी का कुछ दिमाग़ ही समझ में नहीं आता। मुझे भी देखना है कि कब तक नहीं बोलेगा। लाख समझाया कि दूसरे की लड़की है, क्या समझेगी, क्या कहेगी अपने घर जाकर ? हमें और भी तो शादी-ब्याह करने हैं। लोग दुनिया-भर की बातें करते हैं, किस-किसका मुँह पकड़ोगे ? लेकिन बेटे हैं कि अपनी तीरंदाज़ी में किसी को अपने सामने बदते ही नहीं। असल का हो तो ज़िन्दगी-भर मत बोलियो।''

बिजली की तरह भाभी की एक बात कौंध गई। स्वर में मज़ाक भरकर लेकिन सलाह देने के लहजे में उन्होंने एक दिन कहा था, ''लालाजी, बाबूजी आज अम्माजी से क्या कह रहे थे, मालूम है ?'' मैंने जब जवाब नहीं दिया तो बोलीं, ''कहते थे कि न हो तो समर से कहो, किसी डाक्टर-वैद्य से ही मिल ले। अच्छी तरह दिखा ले, जो फ़ीस लगेगी दे देंगे।'' मैं समझा नहीं, पूछा ''क्यों, मुझे क्या हुआ है ?'' तो भाभी मुँह में आँचल भरकर हँसती रहीं, और मैं क्रोध में भन्ना उठा।

आगे अदवायन की रस्सी को ज़रूरत-गैर-ज़रूरत बाबूजी दाँत भींच-भींचकर कसते रहे और मैं रुपए उठाकर बिना एक क्षण रुके चुपचाप चला आया। छिः, इन लोगों का दिमाग भी कहाँ तक जाता है ? बाबूजी अभी भी बड़बड़ा रहे थे और उनकी आवाज़ मेरे भीतर के क्रोध को बढ़ा रही थी।

जो ये कहें सो करो। कहें शादी करो, तो शादी कर लो। कहें, उसे पहुँचा आओ, लिवा लाओ तो पहुँचा-लिवा लाओ। जनम-ज़िन्दगी में पच्चीस रुपए माँगे हैं सो यह सब सुनना पड़ा। वह तो कहो कि दौड़-भागकर फीस माफ करा ली थी, वरना हर महीने एक महाभारत खड़ा रहता। जब पढ़ा और लिखा ही नहीं सकते ढंग से, तो पैदा क्यों किया था ? किताब-कापी के लिए पैसा नहीं माँगता। कपड़े फट रहे हैं। पुरानों में ही सिकुड़-सिकुड़ाकर काम चला रहा हूँ। उनके ही आसरे इस सारे जाड़े से लड़ना है। एक पैसा सिनेमा जाने या कोई चीज़ खाने को नहीं माँगता। उस पर यह हाल है। हुँह, हम धींगरे और ऊँट हो गए हैं।

अरे, तुम्हें लगे तो बुलाओ बहू को, न लगे ज़िन्दगी-भर मत बुलाओ। मुझसे पूछकर ही सारे काम होते हैं ? ऐसे ही तो मेरा कहना मानते हो न ! शादी करते वक्त सुनी थी मेरी एक बात ? उस वक्त तो "तुम लड़के हो जी, इस वक्त चुप रहो। ज्यादा ज़बान लड़ाई तो हम तुम्हारा सिर फोड़ देंगे।" सिर फोड़ देंगे ये ! अब फोड़ें न ! मैं ही रह गया हूँ सारे घर में उसे लेने जाने के लिए ? अमर क्यों नहीं जा सकता है ? 'छोटा है, छोटा है' कहकर उसकी आदतें बिगाड़ ली हैं। हमें क्या है, भुगतना खुद आगे जाकर। हाँ, मैं भी दिखा दूँगा कि ज़िन्दगी भर बोलता हूँ या नहीं। यह तो मेरे हाथ की बात है। बोलने को मजबूर तो नहीं कर सकते। शादी थोड़े ही है कि ज़बरदस्ती से काम हो जाएगा ! अरे, यह तो अपना मन है, नहीं बोलते। बिरादरी में बदनामी होती है...हुँह !

छह

कॉलेज से लौटते समय अमर मिला। दोनों हाथों में फुटबॉल घुमाता हुआ शायद कहीं खेलने जा रहा था। देखते ही बोला, ''समर भैया, भाभी को लेकर आ गया हूँ।''

मैं सिर झुकाए चला जा रहा था, एकदम चौंक गया। मुँह से आश्चर्य से निकला, ''अच्छा !'' और घर लौटने को उठते कदम सहसा रुक गए। कुछ देर निरुद्देश्य-सा उसके मुँह की ओर देखता रहा। फिर पूछा, ''कोई खास बात ?''

''खास बात तो कुछ नहीं। बड़ी मुश्किल से भेजा है। भैया, उनके घरवाले बड़े बदतमीज़ हैं। मैं तो साफ कहे देता हूँ आगे से नहीं जाऊँगा।''

''क्यों, पकड़कर पीट-पाट दिया क्या ?'' मैंने कंठ को भरसक दबाकर, नीचे स्वर में, ज़हर-बुझी मुस्कराहट के साथ पूछा।

''बस पीटना ही बदतमीज़ी होती है क्या ? उठते-बैठते जब देखो तब, तुम्हारी बड़ी भाभी ऐसी–तुम्हारे अम्मा-बाबूजी ऐसे। हम लाख बुरे हों, लेकिन अपने घरवालों के बारे में ऐसी बातें नहीं सुनेंगे !'' उसने मेरी चिन्ता किए बिना उद्धत ढंग से कहा।

''और समर भैया कैसे हैं यह नहीं बताया ?'' मैं एकदम पूछ बैठा। स्वर में अनजाने ही कोमलता आ गई थी। जाने उसने मुझे अपने घर जाकर कैसा बताया होगा।

''भैया, यह तो बात है। तुम्हारी वहाँ सब तारीफ करते हैं।''

''तारीफ़ ?'' मैं अथाह आश्चर्य से चौंका, फिर अविश्वास से बोला, ''तू समझा नहीं होगा।''

''हाँ, यह भी हो सकता है।'' उसने मान लिया–''वैसे तुम्हारे बारे में ज्यादा बातें नहीं हुईं। बस, एकाध बार पूछा था–कितनी पढ़ाई और रह गई है और इस समय प्रभा को ले जाने से पढ़ाई का नुकसान तो नहीं होगा ? यह भी कह रहे थे कि जितना पढ़ेंगे, उन्हें तो खुशी ही होगी। हाँ, इस बात का बुरा मान रहे थे कि पहली बार तुम्हें ही लेने जाना चाहिए था, यह कायदा है। मैंने समझा तो

दिया कि गौना तो शादी के साथ ही हो गया था। फिर भैया आजकल बड़ी मेहनत कर रहे हैं।''

''बस, और तो सब ठीक है !'' उसके आत्म-प्रशंसा के प्रवाह को रोककर मैंने पूछा। 'तारीफ' शब्द से जो जिज्ञासा गले तक उमड़ आई थी, उसका समाधान इन बातों से नहीं होना था। ''तू समझा नहीं होगा,'' कहकर मैं अमर को उकसाना भी चाहता था और पक्का भी करना चाहता था कि कहीं उनकी बातों में व्यंग्य तो नहीं था। अब क्या पूछूँ ? उठती लहरों की तरह यह शब्द मेरे मानसिक उद्वेग को बुरी तरह बढ़ाए जा रहा था। मन में एक प्रबल आवेश उठा कि किससे जाकर पूछूँ कि तुमने मेरे बारे में क्या कहा। उस एक क्षण को मुझे लगा कि कितना घोर अनुचित व्यवहार किया है मैंने भी ! आज अदालत में खड़ा करके कोई मुझसे पूछे कि सुहागरात के दिन तुम अपनी पत्नी से क्यों नहीं बोले थे ? क्या केवल इसीलिए कि तुम्हें देखते ही गठरी बनकर नहीं बैठ गई थी और यों ही खड़ी रही थी ? या सिर्फ इसलिए कि तुम्हारी आकांक्षाएँ बहुत ऊँची थीं और तुम नारी को उसमें बाधक मानते थे, विवाह तुम्हारी इच्छा के विरुद्ध कर दिया गया था ?... छिः, यह भी कोई ठोस कारण है न बोलने का ? अपने पक्ष का समर्थन करने के लिए उस समय मैं क्या जवाब दूँगा ? क्या आधार बताऊँगा उस सारे व्यवहार का, सिवा एक भावुक आवेश के ? मुझे लगा, मेरा सारा व्यवहार गलत ही नहीं, मूर्खतापूर्ण भी था। आत्म-ग्लानि से मेरा मन भर आया।

''बस, और तो कोई खास बात नहीं है। पूछते थे कि कब लौटाएँगे। भाभी कुछ कमज़ोर-सी हो गई हैं, सो कहते थे ज़रा दवा वगैरह की ज़रूरत पड़े तो ध्यान रखिए।'' अमर ने कहा, और चलने को तैयार हो गया।

''क्या तबीयत खराब रही थी ?'' एकदम मैंने पूछा और साथ ही अपनी कमज़ोरी पर झेंप भी आई।

''हाँ, शायद रही हो।'' दार्शनिकों की तरह कहता हुआ अमर फुटबॉल को यों ही उछालता और लपकता हुआ गायब हो गया।

ध्यान रखने को कहलवाया है ! हुँह, यहाँ बाबूजी कह रहे थे कि ठीक समय पर खाना-पीना मिल जाएगा। दूसरी बार बहू आई है और सारा काम उसी से कराने की योजनाएँ बन गई हैं। कम से कम दो-एक बार तो आ लेने देते। हमारे घर का रवैया भी अजब है !...तब क्या उसने मेरी तारीफ की होगी सचमुच ? नहीं, नहीं, अमर समझा नहीं होगा।

यों घर चलते समय बड़ी झिझक लग रही थी, लेकिन लगा कि पिछले दिनों छाई उदासी की काई छँट गई है और नीचे का निर्मल लहराता जल निकल आया

है। किसी तरह इस बात पर विश्वास नहीं हो पा रहा था कि उसने घर जाकर मेरे बारे में कुछ भी नहीं कहा। नहीं जी, कुछ न कुछ तो कहा ही होगा। कहीं ऐसा भी हो सकता है ! लेकिन अगर कहा होता तो अमर से बात ताने में ढालकर किसी न किसी तरह कह ज़रूर दी जाती। और लोगों के बारे में भी तो कहा ही गया। उस समय मुझे अपनी प्रचंड मूर्खता पर क्रोध आता रहा कि मैंने जी भरकर उसका चेहरा भी नहीं देखा। अब उसके सामने पड़ूँगा कैसे यही सोच-सोचकर प्राण सूखे जा रहे थे। यह न बोलने का बंधन पालने में क्या तुक थी ? उस समय मन में आ रहा था कि अपने प्रति किए गए बड़े से बड़े अपराध को या तो हँसकर टाल दूँ, या ध्यान ही न दूँ। अपने पर आश्चर्य भी हो रहा था कि इतनी ताज़गी, ऐसा हलकापन मेरे भीतर कहाँ भरा था ?

तब भी निहायत गम्भीर चेहरा लिए, अपने को अधिक से अधिक स्वाभाविक बनाए मैं घर आया, मानो अमर मुझे नहीं मिला और न मुझे प्रभा के आने की बात ही पता है। सुस्त, थका-सा मुँह और सूखे होंठ। मुझे देखकर दूर से ही मुन्नी चिल्लाई, "समर भैया, भाभी आ गईं !"

"आ गई तो मैं क्या करूँ ?" जाने कैसे मेरे मुँह से निकला और उसी पल वह डॉक्टर को दिखानेवाला संकेत भी दिमाग में कौंध गया। मन अकारण ही झुंझला आया। अपनी कोठरी की ओर इस तरह चलता रहा जैसे कॉलेज से बहुत परिश्रम करके आया हूँ और अब अपनी पुस्तकें रखने की जल्दी में हूँ। उस समय अपने आपको किस तरह नियंत्रित कर रहा था, मैं ही जानता हूँ।

खुले किवाड़ों से सामने ही कोठरी में मुझे उसका सन्दूक दिखाई दिया। मन पुलक उठा। उत्सुकता हुई कि देखूँ कमरे में और क्या-क्या नई चीज़ें आ गई हैं। यह जानकर सन्तोष भी हुआ कि प्रभा को रहने को कोई और जगह नहीं है; रहना तो मेरी ही कोठरी में है। विवाह के दिनों में जो कमरा हमें मिला था, वह फिर से भाईसाहब के कब्ज़े में आ चुका था। अब तो उसे बोलना ही पड़ेगा—देर से या जल्दी। मैं भी अब उतनी अकड़ नहीं दिखाऊँगा। कमरे में एक खूँटी पर चादर टँगी थी जिसे वह ओढ़कर आई होगी। एक ओर दीवार के सहारे प्लास्टिक की चप्पलें। सन्दूक की बगल में ही बाँस की एक डोलची। उसमें सफर का सामान था। इधर-उधर देखकर मैंने चुपके से तौलिया हटाया। गोल-गोल मोड़कर एक 'माया' रखी हुई थी। रेलवे बुक स्टॉल से खरीदी होगी। एक पन्ना पलटा, बड़े साफ और मोती जैसे-अक्षरों में लिखा था—'प्रभा'। मन में उठा, पास में मैं भी अपना नाम लिख दूँ। फिर झट सारी चीज़ें चुपचाप रख दीं। अगर देख लिया तो क्या समझेगी ?

दिन ढल चुका था। मैं चुपचाप बाहर आ गया—भाभी और मुन्नी की निगाहों से जान-बूझकर बचता हुआ-सा। किसी के सामने पड़ने को मन नहीं था। सभी मज़ाक करेंगे। कहाँ जाऊँ ? लॉन में जाकर पड़े रहने की भी इच्छा नहीं थी। मंदिर जाना उस घटना के बाद बन्द कर दिया था। दिवाकर के यहाँ जाने की इच्छा हुई, लेकिन टाल दिया। पता नहीं कितनी देर लगे ! यों सड़कों पर भटकता रहा। छोटे-छोटे ठेले लगाए पंजाबी शरणार्थियों ने साबुन, साग की फेरियाँ लगानी शुरू कर दी थीं। लड़के मूँगफली और चने बेचने लगे थे; कुछ फुटपाथों पर काठ की दुकानों पर कपड़े बेचने लगे थे। एक बात माननी पड़ेगी, कितने साहस और अध्यवसाय के साथ इन लोगों ने अपने को जमाना शुरू कर दिया है ! इतने भयानक कष्टों के बाद, ऐसी प्रलय से गुजर चुकने के बाद हम लोग तो केवल भीख ही माँगते पड़े रहते। क्या-क्या नहीं इन्होंने सहा, क्या-क्या नहीं देखा ? अपने छूटे हुए वैभव को, बिछुड़ी हुई धरती को याद करते हैं, मरे हुओं को रोते हैं और फिर नए सिरे से उद्यम में लग जाते हैं। औरतें दिन-रात नलों के नीचे बैठी कपड़े कूटती रहती हैं। बहुत दिन बाद याद आया कि मैं संघ के 'बौद्धिकों' में भी नहीं गया। उधर ही चलूँ। लेकिन इतने दिन न आने का क्या कारण दूँगा ? झेंप भी लगेगी। आज नहीं, फिर किसी दिन जाऊँगा।

पिछला सारा विषाद और सारी चिन्ता कहाँ चली गई, मुझे खुद आश्चर्य था। कल जब इस समय इसी पुल से गुज़र रहा था तो तनाव से नसें फटी जा रही थीं। यह प्रभा सच ही बहुत गहरी और समझदार लड़की है। कोई और लड़की होती तो घर जाकर मेरी बुराई करती कि मुँह दिखाने की हिम्मत न पड़ती। बताया होगा कि पढ़ने में व्यस्त हैं, परीक्षा पास आ रही है। यही तो फर्क है एक पढ़ी-लिखी लड़की और बे-पढ़ी में। हुँह, हमारे यहाँ भी क्या उस दिन ज़रा-सा नमक ज़्यादा होने से बावेला मचा ! अरे, आदमी है, ज़रा ज़्यादा नमक पड़ ही गया तो ऐसी क्या मुसीबत आ गई ? और अब क्या उसे ज़िन्दगी-भर माफ नहीं किया जा सकता ? भाई, नई-नई बहू आई, घबरा गई होगी, नई जगह नए आदमियों के बीच और अम्मा और भाभी-जैसे भयानक आलोचक ! बेचारी बौखला गई होगी। मुझसे ही कोई कह दे कि क्लास में खड़े होकर एक पेज पढ़ दो तो एक लाइन भी पढ़कर नहीं सुनाई जाएगी, खड़ा-खड़ा हकलाता रहूँगा और सारा शरीर पसीना-पसीना हो जाएगा।

असल में मैं शुरू से ही बहुत जल्दबाज़ रहा हूँ। ज़रा कोई बात देखी कि झट अपने विचार बना डाले। यह मेरी बहुत ही बड़ी कमज़ोरी है। मुझे इससे पीछा छुड़ाना ही होगा। इस सारी घटना में तो सारा दोष मेरा ही है, उसका कोई कसूर

नहीं। इस समय मैं पुल की दीवार के सहारे खड़ा-खड़ा नीचे दूर तक चली जाती रेल की पटरियों को देख-देखकर अथाह आश्चर्य करता रहा कि वे कौन-सी और कैसी दुश्चिंताएँ रही हैं कि जिनके कारण मंदिर के उस कोने में बैठकर मैं सिसक-सिसककर रोया हूँ। और क्या वे बातें वास्तव में इस लायक थीं कि उन पर बैठकर यों घंटों सिर खपाया जाए और यों रोया जाए ? उस समय मैं उसके उपेक्षापूर्ण व्यवहार, पत्र न डालने की गुस्ताखी, सबको भूल गया।

काफ़ी देर बाद जब आया तो भाभी ने न जाने कहाँ से निकलकर कहा, ''लालाजी, खाना-वाना नहीं खाना ? बहू भूखी बैठी है। यहाँ तो राह देखते-देखते पलकें सूज गईं कि अब आएँ, अब आएँ और लालाजी के सुबह से दर्शन ही नहीं हो रहे। आज तो तुम सुबह के गए अब आए हो, मैं जानूँ कॉलेज के बाद भी नहीं आए ?'' परिहास उनकी वाणी से फूटा पड़ रहा था।

इधर मैंने बेकार की बातों की तरफ ध्यान देना छोड़ दिया था और सिर्फ़ ज़रूरी बातों का ही जवाब देता था। अक्सर ही भाभी के मज़ाकों का बुझे-से स्वर में जवाब देकर समाप्त कर डालता। किसी से बातें करने का मन नहीं होता था। चाहता था, उसी व्यवहार को इस समय भी बनाए रखूँ ताकि कोई मेरे इस आकस्मिक परिवर्तन को भाँप न ले। बड़े संजीदा स्वर में कहा, ''हाँ, मुझे यों ही भाभी, कुछ काम था...''

''प्रभा के आने का भी पता नहीं ?'' भाभी बोलीं।

मैंने यों उनके चेहरे की तरफ देखा, मानो उनकी बात को नहीं समझा फिर सहसा जल्दी मचाता-सा बोला, ''भाई, मुझे कुछ नहीं पता। तुम मुझे पहले खाना दे दो, भूख लगी है। फिर बैठकर पढ़ना है।''

''पीछे खाना मिलेगा, पहले मिठाई खिलाओ।'' कहीं दूर गहराई से मुन्नी की आवाज़ सुनाई दी।

जवाब में भाभी हँस पड़ीं, ''अरे, इन्होंने खिलाई मिठाई। ससुराल की मिठाई खाने को तो बड़ी जल्दी लपकेंगे।'' वह हँसते समय सुन्दर लगती हैं।

''अरे, तुम छोड़ो मिठाई-विठाई, भाभी, मुझे तो रूखी रोटी दे दो, यही बहुत है। मुबारक हो मिठाई तुम्हें और ससुरालवालों को !'' मैंने व्यस्तता के भाव से कहा, ''खा-पीकर जल्दी पढ़ने बैठूँगा। बोर्ड के इम्तिहान हैं।''

इस समय भाभी प्रसन्न दिखाई दीं।

खा-पीकर लालटेन सामने रखकर मैं पढ़ने बैठ गया। ठंड पड़नी शुरू हो गई थी, लेकिन अभी बहुत तेज़ नहीं थी। पढ़ने में नींद जल्दी आ जाती है, अधिक परिश्रम

नहीं हो पाता, इसीलिए मैं ज़मीन पर ही बिस्तर बिछाता और चारपाई एक ओर खड़ी रहती। उस पर मेरे गंदे से गंदे रज़ाई-गद्दे लदे रहते। मैं रोज़ इस बात की कसम खाता कि बारह-एक बजे तक पढ़कर साढ़े चार-पाँच पर सुबह उठ जाया करूँ, लेकिन यह प्रोग्राम कभी चल नहीं पाया। घर-भर में मैं ही सबसे ऊँची क्लास में पढ़ता था, इसलिए मुझे एक अलग लालटेन लेने का अधिकार था। बाकी दोनों भाई एक ही लालटेन से पढ़ते थे, हालाँकि इस पर भी आए दिन ऊधम उठता रहता था, कि बाकी एक लालटेन से सारे घर का काम कैसे चले। खास तौर पर जिस दिन मैं लालटेन जलती छोड़कर सो जाता और भैया देख लेते, उस दिन तो मिट्टी के तेल को लेकर जो हंगामा मचता, उसका वर्णन न ही करना अच्छा है।

लालटेन के सामने पुस्तक में आँखें गड़ाए, सिर झुकाए मैं बैठा रहा। मैथ्यू ऑर्नल्ड की 'सोहराब और रुस्तम' किताब थी। लेकिन पढ़ने का प्रयत्न करके भी पढ़ा नहीं जा रहा था। हारकर वह प्रयत्न भी छोड़ दिया। चुपचाप प्रतीक्षा करने लगा। कभी-कभी ध्यान आ जाता तो पन्ना पलट लेता। देखना मैं यह चाहता था कि वह आखिर क्या करती है। जानता था, जब घर का सारा काम खत्म हो जाएगा, वहाँ की सारी बातें हो लेंगी, यहाँ की सारी बातें जब मुन्नी और भाभी से सुन ली जाएँगी, तो वह आएगी। मैं उसी क्षण की प्रतीक्षा कर रहा था, आखिर कितनी बातें और करनी हैं !

पैरों की आवाज़ से सुना, कोई आ रहा है। अभी तक नीचे बातें करने की जो भनभनाहट सुनाई दे रही थी, वह भी बन्द हो गई। मैंने देखा कि इधर अम्मा बिलकुल चुप थीं। वे स्पष्ट उपेक्षा दिखा रही थीं। उन्हें जाड़ा ज्यादा लगता था, सो चुपचाप रजाई ओढ़े, हाथ में माला की थैलियाँ लटकाए, मन ही मन उसकी गुरियाँ गिन रही होंगी, मैंने वहीं बैठे-बैठे अनुमान लगाया। एक मन हुआ कि चलूँ, ज़रा बाहर से नीचे झाँककर देखूँ कि देर क्या है। लेकिन एक तो अगर भैया अपने कमरे में हुए तो देख लेंगे, दूसरे ऊपर से अम्मा का कमरा या बैठने की जगह नहीं दिखाई देती थी। यों मैं डरता-डरता-सा अनावश्यक रूप से बाहर छत के एक ओर मुँडेर के सहारे बनी मोरी तक हो आया था। फिर कल्पना करने लगा—मुन्नी अपनी चारपाई पर पड़ी होगी, नाक तक रज़ाई खींचे। भाभी अम्मा के पैर दबा रही होंगी और शायद मुन्नी की चारपाई से लगी, झुकी-सिमटी-सी प्रभा बैठी-बैठी सुन रही होगी। मना रही होगी कि जल्दी से इन लोगों की बातें समाप्त हों तो दिन-भर की हारी-थकी जाकर आराम करे।

लगा, दरवाज़े पर आकर कोई चुपचाप खड़ा है। छाया से जाना वही थी। या

तो मुझे पढ़ता हुआ देख रही थी, या भीतर आने में झिझक रही थी। कुछ देर बाद भीत-से ढंग से आकर उसने इतने आहिस्ता से सन्दूक खोला कि ज़रा भी आवाज़ न हो। सरसराहट से अनुमान लगाया कि कपड़े निकाले होंगे। कुछ देर यों ही बैठी सोचती रही, फिर घुटनों पर हाथ रखकर उठी और बाहर चली गई। थकी है। शायद कपड़े बदलने बाहर गई है। मेरी सारी इंद्रियों की चेतना कानों में आ समाई थी। चूड़ियों की हलकी झनक, वस्त्रों की सरसराहट, स्वस्थ युवा नारी-शरीर की अजब-सी सुगन्ध का झोंका जैसे कमरे में आया और चला गया। मन विभोर हो आया और तने तारों पर पड़ी टंकार की तरह नसें लरज़ उठीं। अपने भीतर व्याप्त होनेवाले इस विचित्र उल्लास की उष्णता को मैं समझ नहीं पा रहा था, लेकिन यह उष्णता जैसे रग-रग में फैलकर मेरे रोएँ-रोएँ में समा गई थी। पिछली सारी बातें दिमाग में से उड़ गईं और भविष्य के न जाने कितने सुखपूर्ण दाम्पत्य-जीवन के सुनहले चित्र झलमलाकर थिरकने लगे। सैकड़ों सिनेमाओं और कहानियों में देखे-पढ़े दृश्य, प्रेम की क्रीड़ाएँ दिमाग में आईं—कैसे हम लोग खेलेंगे, एक-दूसरे को तंग करेंगे, गुदगुदाएँगे, नाराज़ होकर मनाया करेंगे। प्रभा शैतानी से मेरी किताब लेकर भागा जाया करेगी कि मैं अब पढ़ना बन्द करके उससे बातें करूँ, लेकिन मैं गुस्सा दिखाकर उसके पीछे भागा करूँगा। वह सारा हास्य-विनोद, बिजली की तरह थिरकती किलकारियाँ और बादल की तरह बरसता उल्लास मैं स्पष्ट अपनी आँखों के सामने देखता रहा।

क्रम-क्रम से उठकर चलते हुए, उसके पगों के पीछे-पीछे मेरी दबी-दृष्टि दरवाज़े तक गई। पाँवों में महावर लगा था। गोरी एड़ियों पर चाँदी के तोड़िए झूल रहे थे जो कदम रखने पर साड़ी की किनारियों से ढँक जाते थे और उठाने पर झलक उठते थे। एक कदम बढ़ाकर उसने देहली पार की तो मुझे लगा जैसे मेरे भीतर से गले तक एक आवाज़ उठी चली आ रही है—"प्रभा, सुनो !" बड़ी कोमल, बड़ी मधुर, उसे पुकारने की दुर्निवार इच्छा को मैं कैसे रोके रख पाया, आज भी नहीं जानता। मुश्किल से मैंने अपने-आपको समझाया कि वह कपड़े बदलने गई है और अभी आती होगी। किताब, काग़ज, पढ़ाई सब मेरे सामने से चले गए। भावनाओं की आँधी में डूबा, बस 'मैं' ही वहाँ रह गया था जो हर पल अपने घर से अधिकार खोता चला जा रहा था। लगा, जिस धरती पर मैं बैठा हूँ वह एक ओर झुकी चली जा रही है।

तभी छत के दूसरे सिरे से, शायद भैया के कमरे से, भाभी का हलका-सा स्वर सुनाई दिया, "नहीं, प्रभा, वहीं जाकर सोओ। चारपाई न हो तो मैं डाले आती हूँ। यहाँ अभी तुम्हारे जेठजी आते होंगे।"

न जाने उसने क्या 'गुन-गुन' जवाब दिया, जिसके उत्तर में फिर भाभी का ऊँचा स्वर आया, "आखिर तुम वहाँ सोना क्यों नहीं चाहतीं ?" उस स्वर में जाने क्या था, मुझे उनकी डॉक्टरवाली बातें फिर ध्यान हो आईं, क्योंकि इसके बाद ही उन्होंने धीरे-से कोई मज़ाक की बात कही। प्रभा की ओर से भनभनाहट तेज़ हुई, लगा मज़ाक उसे अच्छा नहीं लगा। थोड़ी देर सन्नाटा रहा। फिर भाभी ने समझाने के स्वर में कहा, "देखो प्रभा, मान जाओ, ऐसा नहीं करते। तुम नई बहू हो। शुरू से ही ऐसा करोगी तो फिर आगे कैसे चलेगा ? तुम्हें तो अभी सारी ज़िन्दगी बितानी है। यह तो सब होता ही रहता है।" उनके उत्तर में फिर प्रभा का काफी तेज़, तीखा, दृढ़ और उद्धत स्वर सुनाई दिया, "जबरदस्ती वहीं कहाँ जाकर सो जाऊँ ? मुझसे तो नहीं होता जिठानीजी, कि कोई दुत्कारता रहे और पूँछ हिलाते रहो, ठोकर मारता रहे और तलुए चाटते रहो। उनके बोर्ड के इम्तिहान हैं, मैं क्यों तंग करूँ ? कुछ हो गया तो बाद में सब मेरा ही नाम लेंगे। हमारा यहाँ आना तो उन्हें जम दिखाई दिया और तुम कहती हो कि वहीं चली जा !"

प्रत्येक शब्द में ज़हर-बुझे तीर जैसा दम्भ और अहंकार घनघनाता था। बन्दूक की गोली की तरह कोई चीज़ मस्तिष्क की नसों को चीरती चली गई। ऊँची मीनार से जैसे किसी ने निर्मम ठोकर मारकर धकेल दिया हो। मैं एकदम तनकर बैठ गया। दोनों भँवें आपस में खिंचकर मिल गईं। चोट की गहराई को समझकर जैसे क्रुद्ध हुंकार उठी, 'हूँ !' साँस का झोंका नाक से निकला और दोनों नथुने फैलकर लाल हो उठे। 'तो यह बात है !' मैं दृष्टि अधिक से अधिक तीखी करके, पृष्ठ के निर्जीव अक्षरों को घूरता रहा। बलवान किन्तु बन्दी शेर की तरह यही एक वाक्य कभी हृदय के इस कोने में, कभी उस कोने में प्रचंड वेग से टकरा-टकराकर बार-बार प्रतिध्वनित होता रहा, 'अच्छा तो यह बात है !'

ओफ़ ! कितना बाल-बाल बचा हूँ ! कैसा ग़ज़ब हो जाता अभी ! पुकारने में कसर ही क्या रह गई थी ? सारे शब्द ज़बान पर आ ही तो गए थे। पूरा का पूरा वाक्य मैंने सोच लिया था। कितने बड़े भ्रम और कैसी ज़बरदस्त भावुकता में बह गया था मैं। अभी पुकार उठा होता तो ज़िन्दगी-भर को निगाह नीची हो जाती।

उफ़ कितना दम्भ ! एक-एक शब्द में जैसे तेज़ाब भरा हो। यह शायद दूसरी बार इतना साफ उसका स्वर सुना है। कैसा उजड्ड लहजा है ! इस कटार-जैसी तीखी वाणी के सामने ही मैं झुकने जा रहा था ? इसी के...? कैसे अच्छे मौके पर रक्षा की है ईश्वर ने ! सारी ज़िन्दगी रोता रहता। समझना है मुझे, इस दम्भ को ही समझना है ! ज़रा-सा पढ़ क्या ली, अपने को खास खुदा ही समझने लगी। और क्या खाक पढ़ी है ! भाभी ने ठीक कहा था—बड़ा घमंड है अपने पढ़ने का,

अपने रूप का ! भाई, कोई लाख कहे, स्त्री जैसा स्त्री को समझ सकती है, पुरुष थोड़े ही समझ सकेगा ! बिलकुल ठीक बताया था उन्होंने–मुझे दबाकर रखना होगा।

तब मुझे अपनी बाँहों में ऐसी फड़कन महसूस हुई कि अभी सीधे वहाँ जाऊँ और लात-घूँसों से ऐसी मरम्मत करूँ कि सारी शेखी झड़ जाए और तीन-पाँच भूल जाए। कभी-कभी भाईसाहब खींचकर भाभी को तमाचा मार देते हैं। उसे देखकर घंटों मेरा मन खराब रहता है। लेकिन इस क्षण लगा कि बिलकुल ठीक करते हैं। हम लाख आदर्शवादी रहें, तुलसीदास ने जो स्त्रियों के बारे में लिखा है, वह हज़ारों सालों के अनुभवों का निचोड़ है। नारी...? नारी ने बड़े-बड़ों को उँगलियों पर नचाया है। लेकिन यह वह बन्दर है जो डंडे के आगे नाचता है।

मैं भी अभी-अभी कैसी बेवकूफ़ी की बातें सोच रहा था ! भविष्य के दाम्पत्य-सुख की बात, क्रीड़ा और किलकारियों की बात...वह भी इस औरत के साथ ? नहीं, नहीं, आज मैं सारे देवताओं और स्वयं भगवान् को साक्षी करके प्रण करता हूँ कि इस स्त्री के साथ मेरा कोई सम्बन्ध नहीं रहेगा, कभी समझौता नहीं होगा। हो नहीं सकता। जो अपने को दुनिया में सबसे अक्लमंद समझता हो, उससे निभ ही कैसे सकती है...? कभी नहीं...कभी नहीं !

वास्तव में मेरे जैसा बेवकूफ़ मिलना भी बहुत मुश्किल है। ज़रा अमर ने कह दिया (कौन जाने झूठ या सच) और लगे ज़मीन-आसमान के कुलाबे मिलाने ! वैसे भी व्यंग्यों को वह समझता कहाँ है ! ओहो, संसार कितना भयानक है ! कितना फिसलन-भरा है कि ज़रा असावधान हुए और गए। इस तेज धार में फिर पाँव जमाना असंभव है...तभी तो हमारे यहाँ इसे माया और भ्रम कहा गया है...

तभी फिर हलकी पदचाप, झनक और सरसराहट से लगा कि कोई आ रहा है...मेरा सोचना रुक गया। होगा कौन ? वही रानीजी होंगी...या हो सकता है बहस करके समझाने की कोशिश करने के लिए जोश में भाभी ही उठी चली आ रही हों। अगर भाभी हुईं तो तीन घंटे का अच्छा-खासा शास्त्रार्थ छिड़ जाएगा। कई बार दृढ़ स्वर में दुहराया...आज ब्रह्मा, विष्णु, महेश, संसार की कोई शक्ति क्यों न आए, हमारा समझौता नहीं होगा, नहीं होगा, नहीं होगा। मैं जानता हूँ, वह झुकेगी नहीं। उसका अहंकार उसे झुकने नहीं देगा और यहाँ भी ऐसी मिट्टी के नहीं बने। लोहे का पाला इस्पात से ही पड़ा है...देखें कौन टूटता है !

तब तक वह द्वार पर आ गई–भाभी नहीं, वही। बिना किसी झिझक के उसने देहली पार की, और बिना इधर-उधर देखे सीधी अपने सामान की ओर बढ़ी। मैं अधिक से अधिक अनजान बना हुआ तना बैठा रहा। सन्दूक खुला, फिर से

डोलची खुली, उनमें से जाने क्या-क्या निकाला-रखा गया, उन्हें बन्द किया गया और यह सब मैं कनखियों से देखता रहा, या आवाज़ों से अनुमान लगाता रहा। कोठरी के दूसरे सिरे पर, खड़ी हुई खाट के पास ज़मीन पर कुछ बिछाया गया, और एक पुरानी-सी धोती को गोल-मोल करके सिर के नीचे रखकर वह मेरी ओर पीठ करके लेट गई।

लेट जाओ...! मेरा क्या आता-जाता है ! उपेक्षा से सिर झटककर मैं फिर 'सोहराब और रुस्तम' खंड-काव्य में मन लगाने की कोशिश करने लगा। आखिर यह अपने-आपको समझती क्या है—स्वर्ग की अप्सरा या सरस्वती का अवतार...क्या ? कुछ दिमाग ही ठिकाने नहीं लगता ! बच्चीजी को मालूम तो पड़ गया होगा कि किससे मुकाबला पड़ा है ! मोम नहीं है कि यों ही ज़रा-सी गरमी से पिघल जाएगा। वरना कोई हमें बता दे दुनिया में ऐसा उदाहरण, जहाँ सुहागरात के ही दिन इतनी दृढ़ता और संयम किसी ने रखा हो ! सारा दम्भ तो उसी दिन झड़ गया होगा। सोचकर आई होगी कि दबाकर रखूँगी, पति पालतू कुत्ते की तरह दुम हिलाएगा। जब देखा, नहीं हुआ, तो सोचा होगा दो-एक दिन में खुद दौड़ा-दौड़ा आएगा और मैं...? मैं कहता हूँ, कि ज़िन्दगियाँ यों ही बिता दूँगा। ज़रा-सा पढ़ क्या ली, अपने को तीसमारखाँ ही समझने लगी। कैसी पड़ी है तनकर...पड़ी रहो, रातभर पड़ी रहो, ज़िन्दगी-भर पड़ी रहो। यहाँ यह भी नहीं पूछेंगे कि क्यों पड़ी हो ! मर जाओगी तो उठाकर फिंकवा देंगे। बाप का घमंड तो यहाँ सहते नहीं हैं और तुम...! तुम हो किस खेत की मूली ?

और सच बात तो यह है कि यहाँ ज़रूरत किसे थी तुम्हारी ? सो तो कहो कि घरवालों ने फँसा दिया, नहीं तो इतने सबकी नौबत ही नहीं आती। अपने घर ही खुश रहतीं। हमने समझा था, चलो समझदार होगी। समझदार होगी ? वहाँ समझ ज़िन्दगी में जानी नहीं, होती क्या चिड़िया है। कुत्ता समझता है कि गाड़ी उसी के बल चलती है...कहाँ दलदल में फँसा दिया, हमें तो बाबूजी ने...वरना अपने खेलते थे और मस्त रहते थे। खैर, अब दो-दो हाथ यह भी सही।

और रात गहरी होती चली गई। आस-पास, दूर की साँय-साँय करते गली-बाज़ारों में कभी-कभी चौकीदार की लम्बी लयपूर्ण आवाज़ लहराते फीते की तरह एक सिरे से दूसरे सिरे तक दूर चली जाती...जिससे रोओं की तरह लरजती प्रतिध्वनियाँ इधर-उधर फहराकर डूबती-सी लगतीं। कभी कहीं दूर पर विचित्र-विचित्र स्वर में रेल के इंजन भाँ-भाँ करके चीख उठते और निर्द्वंद्व भयानक दैत्य की तरह उठकर ऊपर खड़ी होती हुई उन आवाज़ों के नीचे कुत्तों का भौंकना ऐसा बचकाना लगता, जैसे ऊँचे चिकने लोहे के लट्ठों के आसपास चूहे उछल-कूद रहे हों। कभी

इक्के-ताँगे अपनी भारी खड़-खड़, घोड़े के गले में बँधी घंटियों से वातावरण गुँजाते चले जाते और फिर गहरे सन्नाटे में लिपटा सब-कुछ करवट बदल सो जाता। बिना किसी भी ओर ध्यान दिए मैं अपने सामने प्रभा की काल्पनिक मूर्ति बनाकर जोशीले ढंग से उससे जाने क्या-क्या सवाल-जवाब करता रहा। भाषण देने का उस समय दौरा आ गया था। अपनी पिछली सोची हुई एक-एक बात को मैं क्रोध से दुहराता, दुगुने आवेश से उसका उत्तर देता, उसकी व्यर्थता या अपनी बेवकूफी पर गालियाँ देता और उसे छोड़कर अगली बात उठाता। रह-रहकर उद्वेग और निष्क्रिय क्रोध से दाँत पीस-पीसकर कहता—"प्रभाजी, अभी समझी नहीं हो कि आपके भाग्य ने आपको किसके सामने लाकर खड़ा कर दिया है ! जब समझ लोगी तो जानोगी कि मैं आदमी कैसा हूँ !" फिर 'सोहराब और रुस्तम' की पंक्तियों को ऐसे आत्मविश्वास से दुहराता मानो वे इसी अवसर के लिए लिखी गई थीं। ये वे पंक्तियाँ थीं जहाँ रुस्तम को ललकारकर सोहराब कहता है 'कि हज़ारों युद्ध-क्षेत्रों में मेरा वास्ता पड़ चुका है, लेकिन आज तक कभी वह मौक़ा नहीं आया कि मुझे युद्ध-क्षेत्र छोड़ना पड़ा हो या मेरा दुश्मन ज़िंदा बच निकला हो।' प्रभाजी, याद रखें, 'नेवर द फ़ील्ड वाज़ लॉस्ट नॉर द फ़ो सेव्ड...'

हाँ, मेरा पहले दिन का व्यवहार बिलकुल ठीक था। उसमें कोई भी बात अनुचित नहीं थी। ऐसे व्यक्ति के साथ यही होना चाहिए था। आज से तो इसका मान-मर्दन मेरा पहला लक्ष्य हो गया।

और रात की पहाड़ी-घाटियों से अन्धकार का काला झरना चुपचाप फिसलता रहा; लहर-लहर की तरह क्षण पर क्षण बीतते रहे...रात गुज़रती रही। काफी देर से एक-सी जलती रहने के कारण लालटेन की बत्ती एक सिरे की ओर से कुछ अधिक जल चुकी थी, इसलिए दूसरे सिरे से लौ काफ़ी ऊँची उठने लगी थी। मैं चुपचाप बैठा सोचता रहा, सोने की याद ही किसे थी उस समय ! कभी सामने सिकुड़ी पड़ी प्रभा को घृणा से देख लेता और फिर अपने आपमें खो जाता। मुँह बनाकर विद्रूप से दुहराता—'हम वहाँ नहीं जाएँगे।' फिर अब क्यों आई ? ऐसी ही थी तो वहीं कहीं डूब मरती।

बत्ती का संतुलन बिगड़ गया था, सो धुआँ तेज़ होता रहा। लालटेन के सिरे में धुएँ की गाँठें जमती रहीं और शीशे की साफ़ चिमनी पर कालिमा की परत पर परत चढ़ती रही...।

सात

मुझे अगले रोज़ अपने-आप ही ऐसी प्रसन्नता अनुभव हो रही थी मानो न जाने कब-कब के पुण्य-प्रताप से किसी भारी दुर्घटना से बाल-बाल बच निकला हूँ, या मुझसे कोई भयानक अपराध होते-होते रह गया है। रह-रहकर अपने को धन्य मानता कि ज़रा-से भावावेश में कितनी भारी गलती से संयोगवश बच गया। कुछ दैवी कृपा ही हो गई, वरना रह ही क्या गया था ! अब यही सही। इन श्रीमतीजी को ही देखना है...जब-जब प्रभा की बात को याद करता, अपने आप दाँत भिंच जाते और हर बार इस तरह विस्मय से दुहराता मानो पहली बार यह सत्य मेरे सामने प्रकट हो रहा है : ''इतना दर्प ? खाना देते समय भाभी से बोर्ड के इम्तिहान का नाम क्या ले दिया, उसी पर ताना ?'' अच्छी बात है ! कल की सारी बातें आज इस तरह लग रही थीं जैसे सपने में मैं मरता-मरता बचा हूँ और अभी तक आशंका से दिल धक्-धक् कर रहा है।

खाना खाते समय भाभी से बोला, ''भाभी, तुम मुझे पास होने देना चाहती हो या नहीं ?''

भाभी ने फूली हुई रोटी चिमटे से बाहर निकाली और उसे ज़ोर से चकले पर पटककर भाप निकलते देखती रहीं। मेरी बात से चौंककर मुझे देखा, ''क्या, मैंने क्या किया, लाला ?''

''बस, जब तुम करो तभी कुछ होता है ? आखिर तुम लोगों ने सोचा क्या है ?''

''कुछ ठीक से बताओ तो जवाब भी दूँ। पहेलियाँ मत बुझाओ।'' भाभी ने परात के गुँथे हुए आटे से एक लोई तोड़ते हुए सिर झुकाकर कहा। वह शायद समझ गईं कि मैं किसके बारे में कह रहा हूँ।

''अरे, कहूँ क्या, जैसे तुम जानती ही नहीं ! मैंने पहले ही कहा था कि मुझे इस तरह चक्कर में मत फँसाओ, मत फँसाओ। लेकिन वहाँ तो धुन लगी थी। अब फ़ेल हो जाऊँ तो यों रोना कि आजकल के लड़के ऐसे हैं, वैसे हैं। ज़रा पढ़-लिख सकें, इसके लिए तो अलग कोठरी साफ की, अब उसमें भी इस-उसको, सारी दुनिया को ठूँस दोगी, तो वहाँ कोई पढ़ेगा कैसे ? तीन महीने की ही तो बात

है सो तुमसे रुका नहीं गया।'' मैंने तेज़ी से कहा। ध्यान था कि कहीं न कहीं इधर-उधर वह होगी। उस समय तो खयाल नहीं किया, लेकिन बाद में यही सोच-सोचकर सन्तोष पाता रहा कि मैंने रात की बात का अच्छा जवाब दिया।

''रुकने की बात तो यह है लालाजी।'' भाभी ने बड़े-बूढ़ों के ढंग से कहा, ''हमारे बस की बात हो तो हमारे लिए क्या तुमसे ज्यादा कोई दूसरा हो जाएगा ? जिसमें तुम्हें सुख न मिले, हम वह काम करते ही क्यों ? पर अब मेरी हालत तो तुम देख ही रहे हो। जितने दिन निकल रहे हैं वही हैं, फिर स्कूल-कॉलेज के लिए जाने को तुम्हें ही देर होगी। अब कम से कम मुन्नी बीबी के साथ यह काम तो सँभल जाएगा। और तो कुछ उम्मीद महारानीजी से है नहीं, यह ठीक से कर दें तो प्रसाद बाँटूँगी। मुझे तो दीखे, उसमें भी बीस बातें उठेंगी।'' फिर थोड़ी देर चुपचाप रोटी बेलती रहीं, ''देखें, कैसा करके खिलाती हैं !''

''जो तुमने बताया, यह तो सभी का काम है न, फिर मैं ही इसमें क्यों पिसूँ ? इसमें मेरी पढ़ाई का ही तो ज्यादा नुकसान होगा।'' भौंहें चढ़ाकर मैं बोला।

''अम्माजी भी कोई ज़्यादा खुश थोड़े ही हैं। वहाँ जैसी-जैसी बातें जाकर इसने लगाई हैं, सब अमर लालाजी ने आकर बताईं। रुपए के भूखे हैं, ऐसे हैं, वैसे हैं। बोलो, अब तो यह तुम्हारा घर है, इसके बारे में ये सारी बातें उड़ाओगी तो बदनामी किसकी होगी ? और रुपए के भूखे तो सभी हैं, कौन नहीं ? तुम्हारे बाप नहीं हैं ? तुम तो उनकी अकेली लाड़ली हो, सो भी तो ठीक से लिया-दिया नहीं गया। आग लगे ऐसे रुपए में। अरे, हाँ, कोई छाती पै रखके तो ले नहीं जावे है। भैया, जाना तो सभी को खाली हाथ है। शादी-ब्याह में आदमी दिल खोल के खर्च नहीं करे, तो किस काम का वो रुपया मरा ? यही तो दो-चार मौके होवैं।'' इन दो-चार मौकों की बात कहकर ही भाभी सहसा चुप हो गईं। मैं समझ गया, चर्चा थी अगर उनके लड़का हुआ तो घर में छुछक में क्या आएगा। इसलिए भाभी इस बात से कतराती थीं। वे व्यस्त होकर रोटी बेलती रहीं, लोई बनाती रहीं और मैं खाने में लगा रहा। स्त्रियों की इन बातों में मुझे शुरू से ही दिलचस्पी नहीं रही। रुककर कहा, ''भाभी, यह सब तो ठीक है, लेकिन यह बताओ मैं क्या करूँ ?''

''तो लालाजी, तुम्हीं बताओ, दूसरी कौन-सी जगह तुम्हें दिखाई दे रही है ? वही गिनी-चुनी दो कुठड़ियाँ हैं।''

''तो मेरी तरफ से भाड़ में जाओ, चूल्हे में निकलो बाबा, मेरा पीछा छोड़ो। मुझे पढ़ लेने दो।'' मैं झुंझला उठा।

''ना लालाजी, कैसी बातें करते हो !'' भाभी ने सहानुभूति से कहा, ''दूसरी बार बहू आई है, तुम ऐसी बातें कर रहे हो ?''

“कोई पहली बार आए या दूसरी बार। जब मुझे उससे कुछ लेना-देना ही नहीं है तो मैं क्यों सिर-दर्द लूँ ?”

“हाय लालाजी, इतनी ज़ोर से मत बोलो, हाल ही मुन्नी बीबी कहने लगेंगी कि मैं तुम्हारे कान भर रही हूँ।” भाभी चुप रहीं। फिर नरमी से अपनापे-भरे स्वर में बोलीं, “तुम उससे इतने नाराज़ क्यों हो ?”

“बताऊँ ?” मैं बिना हिचक के बोला, “पहली बात तो यह कि मुझे शादी अभी करनी नहीं थी। जबरदस्ती मेरे गले में यह पत्थर लटका दिया गया। और फिर मुझे उसकी सूरत से नफरत है। अब यह भी कोई जबरदस्ती है कि दूसरों के कहने से मैं उसे पसन्द भी करूँ ? तुमसे जो बन पड़ा वह तुमने कर लिया। आगे मेरी सारी बातों का तुमने ठेका तो लिया नहीं है।”

“पता नहीं, तुम्हें क्यों पसन्द नहीं है। मुन्नी बीबी और अम्माजी यों भले ही नाराज़ हों; लेकिन कहती यही हैं कि घर में ऐसी सुन्दर बहू ही नहीं आई।”

“नहीं आई होगी। मुझे तो ऐसी कोई खास बात नहीं लगी।” मैंने सोचते हुए अनमने भाव से कहा।

“बाप तो कहता था कि मैंने पढ़ाई में बीस हज़ार रुपए खर्च कर दिए, बाजा सिखाया, गाना सिखाया, अच्छी से अच्छी सिलाई-कढ़ाई सिखाई। रुपया नकद नहीं दे सका तो क्या हुआ ? अब देखें, यहाँ कौन-से दफ्तर उलटती हैं।” फिर परिहास से कहा, “न हो तो एक ड्यूटी लगा दो। सुबह जैसे ही उठो तो हरमुनियम पर गाया करें–जागो मोहन प्यारे...” और अपनी ही बात पर वे देर तक हँसती रहीं।

गिलास का बाकी सारा पानी एक ही घूँट में पीते हुए मैंने कहा, “मज़ाक मत करो, तुम्हारे हाथ जोड़ें, हमें थोड़ा-सा पढ़ लेने दो।”

“अब लालाजी, अम्माजी से कहूँगी। मुझे तो कोई और जगह दिखाई नहीं दे रही।”

“अम्माजी से कहो या भैयाजी से, मुझे तो शान्ति चाहिए...”

किताबें लेकर कॉलेज चलते हुए एक बात मन में उठी। सब लोग प्रभा को सुन्दर बताते हैं, एक बार सूरत तो अच्छी तरह देख ही लेनी चाहिए। पर तभी जैसे किसी ने कहा, “नहीं, कभी नहीं।” मुझे ऐसी किसी कमज़ोरी को दिल में जगह नहीं देनी चाहिए। एक बार ज़रा-सा मन ढीला पड़ा नहीं कि जाने कहाँ ले जाकर पटके। सारा दिन यही भाव मन में छाया रहा कि चलो, अच्छा ही हुआ। व्यर्थ की मुसीबत से पीछा छूटा नहीं तो सारे समय जान को बेकार एक आफ़त और लगी रहती। अब निश्चिंत होकर अपनी पढ़ाई कर सकूँगा। यही तो मेरे

आत्म-निर्माण के दिन हैं। दुनिया में कौन किसके लिए मरा है ? सब अपना-अपना रास्ता देखते हैं। फिर मुझे तो हर पल यही याद रखना होगा कि मेरा रास्ता साधारण लोगों का रास्ता नहीं है। मेरा रास्ता कुछ बनने और कुछ करने का रास्ता है। सब-कुछ भूलकर खूब पढ़ूँगा, खूब मेहनत करूँगा। मेरी तरफ से चाहे सारी दुनिया भाड़ में जाए।

आज दिन-भर तबीयत बहुत ही खुश रही, लेकिन भीतर ही भीतर कुछ कुलबुलाता रहा—यह उपेक्षा ! उपेक्षा तो मैंने आज तक किसी की भी नहीं सही है।

रात वह मेरी कोठरी में नहीं सोई। पता नहीं, मुन्नी के पास या भाभी के, या कहाँ रही। मैंने देखा भी नहीं। मुन्नी की तटस्थता और अम्मा की चुप्पी वास्तव में मुझे आश्चर्य में डाल रही है। तब भी मुझे ऐसा महसूस होता है, जैसे मुन्नी की सहानुभूति प्रभा की ओर है। मुन्नी के साथ ही सोई होगी। मेरी तरफ से कहीं सोए। देर तक मैं उसे कोई न कोई 'सबक' सिखाने के रास्ते सोचता रहा। मैं उसकी स्पष्ट उपेक्षा और अपमान तक कर डालने के सुयोग को छोड़ने को ज़रा भी तैयार नहीं था। सोचकर लगा कि उसके प्रति लापरवाही और उदासीनता का रवैया रखना गलत होगा। उसे क्या पता चलेगा कि किस गलती की सज़ा मिल रही है ? मुझे तो अब इसके दम्भ को ही देखना है, और लगा, जैसे मैं ताल ठोककर मैदान में आ गया।

मैंने नहा-धोकर भाभी से कहा, "भाभी, अब तुम क्यों व्यर्थ में पिसती हो ? यह समय आराम करने का है। आखिर मुन्नी है, घर में और लोग हैं, या सिर्फ तुम ही अकेली रह गई हो ? अगर सबको खाने का हक है तो काम करने के लिए बाहर से आदमी तो नहीं बुलाए जाएँगे।"

मैंने देखा था, रात के जूठे बरतनों के ढेर के पास बैठी प्रभा एक-एक बरतन माँज रही थी। छूती थी इस तरह जैसे बरतन गरम हो। मन ही मन क्रूर सन्तोष से हँसा—इकलौती बेटी ! उसने इन बरतनों को छुआ ही क्यों होगा ? अब आया मज़ा !

और इसके बाद सारे घर का दोनों वक्त का खाना उसे ही बनाने को दे दिया गया। भाभी तो जैसे इसी की राह देख रही थीं। मुन्नी ने इधर-उधर का काम दो-एक दिन करवाया, फिर कटने लगी। असल में अकेले बैठकर रोना और सोचना ही उसे अच्छा लगता था। यों जबानी हमदर्दी तो हमेशा ही प्रभा के साथ रखती थी। रोटी या खाने की कोई शिकायत करता तो वह प्रभा का पक्ष लेकर

कहती, ''दिन-भर तो रोटी बनाने में चला जाता है। आखिर आदमी के जान भी है या नहीं ? ऊपर से मीन-मेख निकालनेवाले !'' मेरी तो एकाध बार उससे तेज़ झड़प भी हो गई। मैंने तो कह दिया, ''ऐसा ही है तो तू भी साथ-साथ सारे काम क्यों नहीं करवाती ?''

''भाभी, लल्ला होगा तो सारे कपड़े ले लूँगी। फिर तुम इधर-उधर टालो, हाँ। पहले से बात तय है।'' मैं उधर से गुज़रा तो मुन्नी कह रही थी। फिर मुझे देखकर बोली, ''हमने भाभी से शर्त बदी है।'' मुझे देखकर भाभी लाल हो गईं। उनका सारा चेहरा पीला पड़ गया था, लेकिन अजब गम्भीर सौंदर्य आ गया था। भाभी मुझे इतनी अच्छी कभी नहीं लगीं।

वे हाथ से परे धकेलकर शरमाने का नाट्य करतीं, ''हटो बीबीजी, तुम्हें हर वक्त ऐसी ही बातें रहती हैं। मरदों के सामने ये सब बातें नहीं करते। अब तो समझो।''

अजब वातावरण था घर का ! भंगिन ने धोती-ब्लाउज पहले ही अपनी तरफ़ से लेने की घोषणा कर दी थी। जो भी आता, इसी बारे में बातें करता। यों सभी चाहते थे कि लड़का ही हो, और शायद इसीलिए सारे समय लड़के की बातें करते। लेकिन भाभी या अम्मा से इस बारे में बात करो तो मानो इस मधुर कल्पना को कहीं नज़र न लग जाए, इसलिए जान-बूझकर झुठलातीं। कहा करतीं, ''वह तो भगवान् के हाथ की बात है। अगर लड़की हुई तो क्या कोई रोक लेगा ?'' मानो लड़की होने की बात कहकर अपनी ही इस आशंका से अपने को अभ्यस्त करना चाहती हों कि उस समय बहुत कष्ट न हो; सोलह आने वैसे विश्वास उन्हें लड़का ही होने का था। घर में पहला पोता होगा, इससे खुश तो अम्मा और बाबूजी सभी थे, लेकिन उसके खर्चे की जब कल्पना करते तो यही कहते, ''भगवान् जाने क्या होगा !'' क्योंकि उस हालत में दुनिया-भर के खर्चे होंगे, एक बड़ी-सी दावत देनी पड़ेगी। सो लड़का-लड़की के विश्वास-अविश्वास में दिन गुज़र रहे थे। ढीले-ढाले कपड़े पहने भाभी कम से कम चलती-फिरतीं और जाने क्या-क्या सोच-सोचकर अपने ही आप मुस्कराया करतीं।

और आखिर एक रात को बारह बजे खूब भाग-दौड़ के बाद भाईसाहब एक पुत्री के पिता बन गए। अम्मा ने माथे पर हाथ मारा, ''लो, घर में पहले भवानी ही आई।'' लगा जैसे उस प्रत्याशित प्रसन्नता को पाला मार गया हो, लेकिन सभी खुश होने की कोशिश कर रहे हों। दाई को जाने क्या मिलने की उम्मीद थी कि उसका मुँह उतर गया। नर्स गम्भीरता से बच्चे को नहलाती-धुलाती रही। नर्स को

बुलाना पड़ा था, क्योंकि दाई को केस गम्भीर होता नज़र आया। सारे कमरे से कार्बोलिक की गन्ध निकल रही थी। उस रात सारे घर में खूब भाग-दौड़ रही–कभी पानी गरम कर, कभी यह ला, कभी वह ले जा। हम सब लोग जागे। पता नहीं भाभी को कैसा लगा, लेकिन बाबूजी ने तो निश्चय ही प्रसन्नता की दबी साँस छोड़ी, तात्कालिक खर्चा बचा। अब कोई कहेगा तो कह देंगे, लड़की होने पर कोई मिठाई-दावत माँगता होगा ! ऊपर से कहा, "लो, पहली डिग्री आ गई घर में।"

मुन्नी ने चिढ़ाया, "अब तो मुँह मीठा कर दो, सबसे बड़े चाचा बने हो। पता नहीं, चाचा बनने की खुशी मुझे हुई या नहीं, लेकिन यही सोच-सोचकर बड़ा आनन्द आता रहा कि चलो, अब घर में खूब काम बढ़ा। करनेवाला प्रभा के सिवा है ही कौन ! अब एक आदमी भाभी की सेवा-सुश्रूषा करने को अलग चाहिए, अम्मा तो अपनी आयु और बीमारी के कारण किसी लायक हैं ही नहीं। झोली में हाथ डालकर माला जपते हुए मुन्नी से सारे घर की खोज-खबर रखना उनका काम है। या फिर नाइन को आदेश देती रहती हैं। भाभी का ऊपर का काम करने के लिए पाँच-सात दिन नाइन रहेगी। पहले तो रात का खाना बनाकर भाभी ही उनके पाँव दबाया करती थीं और तब सारे घर की रिपोर्ट ली जाती, रामायण खुलती। लेकिन अम्मा और बाबूजी तो लड़की के हाथ का बना खा नहीं सकते सो वह काम तो प्रभा को करना ही है।

प्रभा सुबह न जाने कब उठकर भाभी के लिए हरीरा इत्यादि बनाना शुरू कर देती। सुबह छः बजे तक प्रायः उनके सारे काम पूरे हो जाते। फिर रात के बरतन इत्यादि साफ होते, चौका धुलता और नहा-धोकर जल्दी ही रसोई में घुस जाती कि कहीं कॉलेज जानेवालों को देर न हो जाए, या भैया बिना खाए न चले जाएँ। बारह बजे तक खाना बन पाता, फिर जल्दी से चौका-बरतन का काम निपटा डालती। एकाध-घंटे दाल या गेहूँ बीनना या अमर और कुँवर के कपड़ों को भाभी के पास बैठकर सीना, रफू करना होता। नामकरण के दिन कम से कम तीस-चालीस आदमियों का खाना होगा ही, सत्यनारायण की कथा होगी। उसके लिए मसाले, दालें तैयार होतीं। साँझ को तीन से ही फिर चूल्हे में धुआँ उठने लगता और पल्ले से आँखें पोंछती वह झुक-झुककर लकड़ियों में फूँक मारती रहती। सारा चेहरा लाल रहता। रात के आठ-नौ तक यही क्रम चलता। फिर भाभी के आवश्यक कार्य होते। अक्सर जब मैं दिवाकर के यहाँ से लौटकर देर से आता, उस समय वह अम्मा के पायताने बैठकर उनके पाँव दबाती भी दीखती। शायद इसी सब में रात के साढ़े ग्यारह या बारह बज जाते।

सबसे ज्यादा आश्चर्य मुझे होता था यह देखकर कि वह सब कुछ ऐसी आसानी और चुपचाप करती चली जाती है मानो मशीन हो और उसे यह सब करने में कोई कष्ट न होता हो। हर नए काम को ऐसी स्वाभाविकता से ग्रहण करती चली जाती कि लगता ही नहीं था कि उसे करने में कहीं भी अनिच्छा का लेश या थकान है। और मैं इसी पर खीझ उठता। उसके व्यवहार में कहीं अनिच्छा, थकान दीखे तो मैं अपने को उसके कष्ट से आनंदित कर सकूँ, मन में कहूँ कि 'कहो बच्चीजी, अब कैसा लग रहा है !'

हाँ, शुरू में जब तक सिर झुकाए रही तब तक किसी ने इस बात पर ध्यान नहीं दिया। अब धीरे-धीरे एक चीज़ लोगों के सामने स्पष्ट होने लगी कि प्रभा परदा नहीं करती। बाबूजी यों तो हमेशा ही खाँसकर भीतर आते थे। एकाध बार प्रभा को मुँह उघारे देखा तो समझे, शायद उसे उनके आने का पता नहीं लगा। मगर जैसे ही उनकी समझ में आया कि प्रभा केवल घूम जाती है, परदा नहीं करती, तो उन्होंने जाने किस बात पर अम्मा से कहा था, "फिर बेटी और बहू में फर्क ही क्या रह गया ? बेटी भी मुँह खोले बाल बिखेरे घूमती है और बहू को भी चिन्ता नहीं है कि पल्ला किधर जा रहा है ?" और इस पर शुरू में खूब हंगामा मचा। भाभी ने ताने कसे सो तो कसे ही, अम्मा ने भी माला के दाने गिनना छोड़कर झुंझला-झुंझलाकर कहा, "बहू, तुम्हारे यहाँ परदे का कायदा नहीं है तो न सही, लेकिन इस घर की रीत तो रखो। अरे तुम हमसे न करो तो मत करो, लेकिन बड़ों से कुछ तो हया-शरम होनी चाहिए। ऐसा भी क्या अन्धेर, न हमने देखा न सुना। सारी बिरादरी में चर्चा है। जो देखै है सो हमारे करम में थूकै। अब दष्ठोन पर दुनियाजहान के लोग आएँगे, क्या कहेंगे जाकर ! भई, तुम्हारे यहाँ नंगे नाचें, तो हमें क्या है ?" भैया ने एकाध बार मुझे भी डाँटा, "क्यों रे समर, तू बहू को रोकता नहीं है ? देख, अम्मा-बाबूजी सभी इसका बुरा मानते हैं। कम से कम जब तक ये लोग हैं, इनकी मान-मर्यादा तो रखनी ही चाहिए। यों हम भी नहीं कहते कि परदा करना कोई बहुत अच्छी चीज़ है, मगर घर में चलता आया है। और तेरी बहू तो समझ में नहीं आता किस चीज़ की बनी है कि सुनती ही नहीं। अम्मा इतनी डाँटती-फटकारती हैं, लेकिन ध्यान ही नहीं देती कि कौन भौंक रहा है।" यह बात सच भी थी। उसने कहा कुछ भी नहीं, लेकिन कभी इतने डाँटने-कहने के बावजूद परदा नहीं किया। वह जैसे इस बात को सुनती ही नहीं थी। अम्मा इसी बात से और भी झुंझलातीं कि उनके कहने पर कुछ तो प्रतिक्रिया दिखाए, लेकिन वह इस विषय पर जैसे एकदम पत्थर की हो जाती। और अम्मा थीं कि हर बार कहतीं, "बहू, ऐसी भी बेहयाई किस काम की ? माथे पर पल्ला

ले लेने में तुम्हारा क्या जाता है ? आज तक इस घर में घूँघट ठोड़ी के ऊपर आया ही नहीं।''

सैद्धान्तिक रूप से मैं परदे के खिलाफ हूँ। इतिहास का विद्यार्थी होने के नाते इस सबका कारण जानता हूँ कि मुसलमानों के आने के समय से ही इस परदे का ज़ोर बढ़ा है। लेकिन जब उसे व्यवहार में देखा तो धक्का लगा। प्रभा अम्मा, बाबूजी सबके सामने मुँह खोले चली आ रही है, यह दृश्य अपने-आपमें बड़ा अजब और नया-नया था। आखिर सास-ससुर और बड़ों के प्रति आदर प्रकट करने का और क्या तरीका हो ? माना कि तुम सिर झुकाकर चलती हो, लेकिन केवल आँखें झुकाने और सिर नीचा कर लेने से ही तो आदर नहीं होता। मगर मैं उससे कहूँ तो कैसे कहूँ ? दो-एक बार मुन्नी से ज़ोर से कहा भी, ''मुन्नी, तेरी यह भाभी बड़ी बदतमीज़ है। किसी ने आदर-शिष्टाचार नहीं सिखाया ?'' लेकिन उसने इस कान सुनकर उस कान से निकाल दिया। घर में काफ़ी हो-हल्ला हो चुकने के बाद इस ओर से लोगों को समझौते का भाव धारण करना पड़ा। बस, अब तो तभी ध्यान आता है जब कोई नया आदमी आया हो। उस समय अम्मा कोशिश करतीं कि प्रभा इधर-उधर ही रहे, क्योंकि उसके सामने कुछ कह भी नहीं सकतीं।

पहले कुछ दिनों तो सभी प्रभा के इतना काम एक-साथ सँभाल लेने पर चकित थे; लेकिन अब उसके काम में भी मीन-मेख निकलनी शुरू हो गई थी। मुन्नी भी अपनेपन से कह देती, ''भाभी, इतना घी मत लगाओ। बाद में फिर कमी पड़ेगी।'' इस नए प्राणी के आने से घर का आर्थिक ढाँचा और भी अधिक चरमराने लगा था। सिर पर हाथ फेरते हुए बाबूजी अक्सर अम्मा की चारपाई के पास टहला करते, ''धीरज की माँ, बड़ा खर्च होने लगा है। बेचारा धीरज भी क्या करे ? करते-करते तो मरा जाता है। उसका कसूर भी क्या ? कुनबा छोटा है ? अब तो जैसे-तैसे समर इंटर पास करके कहीं लग-लगा जाए तो बेचारे को साँस आए। उसे देखकर मेरा तो कलेजा मुँह को आता है। चिन्ता और काम के मारे सूख-सूखकर पिंजर रह गया है। न बोलता है, न कहीं यार-दोस्तों में आता-जाता है। और आखिर शरीर भी कहाँ तक साथ दे ? खेलने-खाने के दिन तो सब सूखे चले जा रहे हैं। क्या ज़माना आ गया है ! सोचा था कभी ? इस कमबख्त मुन्नी की अलग आफत है छाती पर। अब इसको जाना तो है ही। बिरादरी के बड़े लोगों से कुछ कह-कहाकर कराया तो है, थोड़ी उम्मीद भी लगती है, लेकिन लोगों के मुँह तो ऐसे फैले हैं कि सीधे-सीधे कोई बात ही नहीं करता। हर आदमी बदले में कुछ पहले चाहता है।'' प्रभा को देखकर खुद ही दूसरी ओर मुड़ जाते और भरे गले से कहते, ''बहू, ज़रा हाथ साधकर काम किया कर, बेटा ! इसी घर में बोरियों

में रुपया भरा पड़ा रहता था। चार-चार कनस्तर घी उठता था, लेकिन अब क्या रह गया है...।''

और इस चिल्ल-पों के बावजूद मेरे सारे काम निर्बाध रूप से चलते रहे। मैं कॉलेज या थोड़ी देर के लिए कहीं भी बाहर जाता तो आकर देखता कि मेरी कोठरी एकदम साफ़ कर दी गई है, सारी बिखरी चीज़ें करीने से लगी हैं और लालटेन चमचमा रही है। यह सब देखकर कहीं भीतर हलका-सा दर्द होता। मगर मैं उसे पढ़ाई की थकान समझ लेता।

कभी-कभी मैं खुद अपने ऊपर झुंझला उठता। क्या यह दिन-रात प्रभा-प्रभा ! कैसे खाती है, कहाँ रहती है, कैसे काम करती है; कहीं ज़रा-सा भी आराम तो नहीं करती ! अच्छे खासे दाल-साग में मौके-बे-मौके नमक-मिर्च ज़्यादा-कम बताता रहता हूँ, ज़रूरत-गैर-ज़रूरत अम्मा, मुन्नी या भाभी से उसे सुना-सुनाकर तानेबाज़ी की बातें कहता हूँ, कटु कटाक्ष करता हूँ। मतलब, किसी न किसी रूप में अपना ध्यान उसी ओर लगाए रहता हूँ। मानो कोई और काम ही मेरे लिए दुनिया में नहीं बचा। अरे भाई, मुझे पढ़ना है। इतना मन उसमें क्यों नहीं लगाता ? अगर इस बार फेल हो गए तो दुनिया-भर की बदनामी मिलेगी सो तो मिलेगी ही, आगे के सारे रास्ते बन्द हो जाएँगे। जब मुझे उसकी तरफ ध्यान ही नहीं देना तो लगातार उसे ही लेकर उधेड़-बुन करते रहने का आखिर मतलब क्या है ? जैसे हर समय उसके कार्यक्रम का लेखा-जोखा रखना मेरा स्वभाव बन गया है। मुझे उसे इतना महत्त्व देने की ज़रूरत ही क्या है ? घर में बहुत से कुत्ते-बिल्ली हैं, समझ लूँ कि एक वह भी है। मैं अनेक बार निश्चय करता कि उसके बारे में कम से कम सोचूँगा, लेकिन किसी न किसी चीज़ के पीछे-पीछे खयाल उसी के पास जा पहुँचता, जैसे ही पाता कि गन्दी बनियान अपने-आप धुल गई थी और उसे बाहर की रस्सी पर सूखते सन्ध्या को देख गया था, लौटकर देखता हूँ कि तह की हुई करीने से रखी है—बस पढ़ना-लिखना अलग और अब प्रभा की बात सोच रहे हैं।

अब एक और परिवर्तन दिखाई दे रहा था। पहले जब भी कोई नया और मुश्किल काम प्रभा के ऊपर आकर पड़ता तो यह सोचकर मुझे बड़ा हार्दिक सन्तोष होता कि चलो, उसे कष्ट मिलेगा। मैं उत्सुकता से राह जोहता कि देखें इसकी क्या प्रतिक्रिया होती है। अन्तर्मन में कहीं यह भी रहता कि देखा जाए, इन अत्याचारों से परेशान होकर वह किस समय और कहाँ रोता है। उसे उस समय पकड़कर शर्मिंदा करने की ताक में भी रहता। जब रात को या सुबह ठंड के मारे सारे शरीर में रोंगटे खड़े हो जाते तो खयाल आता, इस समय प्रभाजी को

कैसा लग रहा होगा; बैठी-बैठी बरतन साफ कर रही होंगी या चौका धो रही होंगी। लेकिन इधर जब बिना प्रतिवाद या प्रतिक्रिया दिखाए वह सभी कामों को स्वाभाविकता से स्वीकार करती चली गई, तो परिणाम के प्रति मेरी सारी उत्सुकता धीरे-धीरे मरने लगी। और उस पहली तृप्ति के स्थान पर एक विचित्र बेचैनी और विक्षोभ मन के भीतर मँडराने लगे। जैसे एक हथियार व्यर्थ जाने पर प्रश्न उठे कि अब क्या हो; अब आगे क्या किया जाए ! आखिर यों हार तो नहीं ही माननी !

माना खाते समय कभी-कभी भाईसाहब भी कहते, ''अरे बहू, कभी मिनट-दो मिनट उसके पास भी जाकर बैठ जाया करो। अकेली का मन भी कैसे लगता होगा। कभी किसी चीज़ की ज़रूरत ही पड़ जाए।'' यह ठीक था कि प्रभा परदा नहीं करती थी, लेकिन वह भाईसाहब या बाबूजी से बोलती बिलकुल नहीं थी; चुपचाप सिर झुकाए काम करती रहती। दोपहर को वह नित्य भाभी के पास बैठती थी, इसलिए भाईसाहब को बताने को उसके होंठ फड़ककर रह जाते। सहसा सिर उठाकर देखती, मानो कुछ कहना चाहती हो, पर फिर सिर झुका लेती।

नामकरण संस्कार का दिन था। सन्ध्या को आया तो देखा कि घर में खूब हल्ला-गुल्ला मचा हुआ है। अम्मा बुरी तरह चिल्ला-चिल्लाकर कह रही हैं, ''जब तक कुछ कहें नहीं तो सिर पर ही चढ़ी चली आती है। दुनिया का सारा काम तुम्हारे ही मन से तो होगा ? हम तो कुछ हुए ही नहीं ! हम तो सब इतने बड़े मूरख हैं। बस ज्ञान तो एक तू ही घुट्टी में पीकर आई है। सगुन-साइत के दिन क्या करके धरा है ? बोलो, हमें पता भी नहीं, और वहाँ इतना सब हो भी लिया ?''

सब सहमे से एक ओर खड़े थे। कोठरी में अपनी चारपाई पर पड़ी भाभी खूब फूट-फूटकर रो रही थीं, ''आग लगे ऐसी पढ़ाई में ! पढ़ाई अपने लिए होगी कि दूसरे की जान लेने को होगी ? हाय राम, पता नहीं अब क्या होनेवाला है ?'' मुन्नी एक ओर खड़ी चुपचाप देख रही थी। इतना तो समझ गया कि कोई गम्भीर बात हो गई है। डरी-सहमी-सी एक ओर खड़ी प्रभा को देखते ही कहा जा सकता था कि अपराध इसी ने किया है। कुछ दृढ़ बनने का प्रयत्न करके उसने भर्राए गले से कहा, ''अम्माजी, मुझे पता होता तो मैं कभी भी नहीं करती। मैंने समझा कि कोई सादा मिट्टी का ढेला है।''

''सादा मिट्टी का ढेला तो है ही,'' अम्मा बिफरकर बोलीं, ''और हमारी पुरखा हमें जवाब दिए चली जा रही है। तूने समझा काहे को ? तेरे तो हिये-माथे की फूट गई थी ना ? अन्धी थी ! दिखाई थोड़े ही दिया होगा कि उसमें कलावा बँधा था या नहीं ? बात पर बात कहे चली जा रही है, जो एक भी बात बिना

जवाब दिए छोड़ी हो ! अच्छी सीख सिखाई है तेरे माँ-बाप ने, बड़ों से ज़बान लड़ाने की। एक तो तवा-सा मुँह खोले डोलती फिरै, कोई आए कोई जाए, किसी की चिन्ता ही नहीं, और ऊपर से कैंची-जैसी ज़बान चलावै। मेरी बेटी होती तो इतने जवाब पर तो ज़बान खींचकर ज़िंदा गाड़ देती।'' अम्मा की तेज़ी बेहद बढ़ गई। यहाँ तक कि जवाब देने की बात कहने के साथ ही उन्होंने अपने को अपमानित भी महसूस कर लिया और फौरन ही रोने लगीं।

मेरी समझ में मामला कुछ आया, कुछ नहीं। फिर भी मुन्नी से तेज़ स्वर में पूछा, ''मुन्नी, क्या बात है ?'' मेरे चढ़े तेवर देखकर मुन्नी ने कोई जवाब नहीं दिया। कुँवर ने बताया, ''सुबह पंडितजी ने जिन गणेशजी की पूजा की थी न, भाभी ने उनसे जूठे बरतन माँज लिए।'' साथ ही भाभी का रोना और भी बढ़ गया। बात उन्हें नए सिरे से याद आ गई।

मेरा कलेजा धक् रह गया। अम्मा की सिसकियाँ अभी सुनाई दे रही थीं। भाभी कह रही थीं, ''कुछ हो गया तो इसका क्या जाएगा ? यह तो अपने हाथ झाड़कर अलग हो जाएगी। हे भगवान्, तू देखनेवाला है। सबको समझना। दुनिया कुढ़-कुढ़कर मरी जाती है। हाय राम !''

साँस खींची, ज़ोर से दाँत भींचे और मैं दनदनाता हुआ सीधा एकदम उसके सामने जा पहुँचा—अपलक निगाहों से घूरता हुआ, जैसे बिल्ली चूहे को झपट रही हो। दाहिना हाथ ढीला किया, एक बार तोला और फिर 'तड़ाक्' ! सारी शक्ति से पड़े तमाचे की पाँचों उँगलियाँ प्रभा के बाएँ गाल पर उभर आईं। वह एक ओर झोंका खाकर गिरते-गिरते सँभली और यों ही 'धम्' से बैठ गई। मैंने कहा, ''हरामज़ादी, यहाँ रहना हो तो ठीक से रहो। नहीं तो जहाँ जगह दीखे अभी चली जाओ। बड़ी नास्तिक की बच्ची बनी है।''

और मैं फुटबॉल का गोल कर आनेवाले खिलाड़ी के अंदाज़ से गरदन टेढ़ी करके उसे घूरता-घूरता ही फिर अपनी जगह आकर खड़ा हो गया। सब एकदम स्तब्ध रह गए। अम्मा का सारा क्रोध और आँसू एक साथ ही उड़ गए। भाभी चुप हो गईं।

लेकिन चाँटा मारते ही एक ऐसी आत्म-घाती ग्लानि का प्रचंड झटका मुझे अपने भीतर लगा कि मैं वहाँ खड़ा नहीं रह सका। उलटे पाँव वहाँ से लौट आया। चाँटा मारने के बाद मुझे नहीं पता किसने क्या कहा; वह रोई या नहीं, वहीं पड़ी रही या किसी ने उठाकर भीतर डाल दिया। हाँ, इतनी याद है कि चाँटा सारी शक्ति से और भरपूर पड़ा था और मेरी पाँचों उँगलियाँ झनझना उठी थीं।

कोठरी की देहली पार करते ही जैसे मेरे भीतर कोई लगातार रटने लगा, 'यह

मैंने क्या किया ? यह मैंने क्या किया ? मुझे क्या हो गया था ?' ज़िन्दगी में पहली बार एक स्त्री पर हाथ उठाया था और लग रहा था जैसे मेरा हाथ निस्पन्द होकर गला जा रहा हो। भाभी पर हाथ उठाने को लेकर भाईसाहब की कितनी कटु आलोचना मैंने समय-समय पर की थी। सब जैसे एक-एक करके मेरे दिमाग़ में आने लगी। मैं किस आवेश में अन्धा हो गया था ? सात-आठ महीने में पहली बार बोला और वह भी गाली से। पहली बार बात की और वह भी तमाचे से ! मैं बड़ी देर तक तो समझ ही नहीं पाया कि यह हो क्या गया आखिर ?

तब सहसा किसी ने ज़हर-बुझी घृणा से भीतर कहा, 'नीच, कायर, कमीने ! यही तेरा आदर्शवाद है ? यही तेरे महान् बनने के सपने हैं ? इंटर में पढ़ता है और दुनिया-भर के विचार बघारता है ?' और बिना अधिक सोचे न जाने कब की संचित रुलाई ऐसे ज़ोर से फूट पड़ने को मचलने लगी कि मैं बेबस हो गया। वह क्या आँधी थी जिसमें मैं बह गया था ? और फिर बेबस फफक-फफककर रो पड़ा। चाहता था रोते-रोते गलकर मेरा सारा अस्तित्व आँसुओं में ही बह जाए। ऐसी ग्लानि अपने भीतर महसूस हो रही थी कि अपने दोनों गालों पर ज़ोर से अन्धाधुन्ध तमाचे ही तमाचे मारूँ कि उँगलियाँ-ही-उँगलियाँ उछल आएँ...।

आठ

मुन्नी ने पूछा, "क्यों भैया, तुम्हारे इम्तिहान कब से हैं ?"

"इम्तिहान ?" मैंने गरदन खुजलाई। मुझे याद ही नहीं आया कि इम्तिहान कब से हैं ? हालाँकि इधर मैं इम्तिहान की तारीख और महत्त्व को रोज़ याद कर लेता था। मुन्नी ने जो कहा है, उसका अर्थ क्या है, मेरी समझ में यह भी नहीं आया। यही नहीं, पहली बार तो मैं यह भी नहीं पहचान सका कि सामने जो मुझसे बोल रहा है वह है कौन ? फिर इम्तिहान की बात का खयाल आया तो मैं उन्हीं के बारे में सोचता रहा। मुन्नी की उपस्थिति और उसके द्वारा पूछी बात को एकदम भूल ही गया।

मैं धीरे-धीरे पागल तो नहीं होता जा रहा ? जैसे ही यह बात मन में उठी, मैंने ज़ोर देकर कई बार दुहराया, 'नहीं, नहीं। मैं कोई असंगत व्यवहार नहीं करता, मेरे सोचने में एक क्रमबद्धता है। रहन-सहन का पूरा खयाल रखता हूँ।' जितना ही मैं अपने को समझाता कि मैं पागल नहीं हो रहा, उतना ही भीतर यह विश्वास जड़ जमाता जाता कि मैं निश्चय ही पागल होता जा रहा हूँ। अगर मान लो, यह बात सच भी है तो इसका प्रारम्भ कब से हुआ ?

समस्त शक्ति से पड़ता चाँटा, झटककर दूसरी ओर दीवार से टकराया हुआ सिर, फिर लड़खड़ाकर गिरती हुई देह—अकारण ही रह-रहकर बिजली की कौंध की तरह जब दृश्य आँखों में चमक उठता तो हृदय बादलों की तरह फट जाता। हर समय पश्चात्ताप और ग्लानि के गड़े हुए पंजे दिल में कसकते रहते कि मुझे यह नहीं करना चाहिए था। मुझसे उस पर हाथ उठा ही कैसे ? मैं कैसे वह जंगलीपन की हरकत कर सका ? यह सारी घटना सचमुच हुई थी ? सिर्फ मेरी कल्पना या सपना तो नहीं है ?

मगर उसे भी तो यह सब नहीं करना चाहिए था। मिट्टी के ढेले और गणेशजी में उसे अन्तर नहीं दिखाई दिया ? अगर किसी के घर इस तरह के विश्वास हैं भी, तो उनका अपमान करने का अधिकार उसे किसने दिया ? पढ़ने-लिखने का यही सब अर्थ है ? पढ़े तो हम भी हैं। और हज़ार बातों की एक बात यह, कि अपनी संस्कृति और पूज्य देवों की अवज्ञा हम किसी भी कीमत

पर नहीं सह सकते। अच्छा हुआ, एक सबक मिल गया। इस तरह मैं इसके अपराध को बढ़ा-चढ़ाकर अपने को यह समझाने की कोशिश करता कि मेरा व्यवहार उचित था। मान लो, कल को कुछ हो-हुआ जाए तो उसका जिम्मेदार कौन होगा ? यों 'सत्यार्थप्रकाश' जैसी पुस्तकें पढ़ने से इन सब दुनिया-भर के देवी-देवताओं से विश्वास उठ गया था, लेकिन दूसरों के विश्वास का मुझे खयाल बराबर था। किसी को पूजा न जाए तो अपमान भी क्यों किया जाए ? सब-कुछ कहता, अपने को समझाता, लेकिन भीतर से कोई बोलता रहता कि हाथ उठाना ठीक नहीं हुआ।

उस घटना के दूसरे दिन तो मेरी बाहर निकलने की हिम्मत नहीं हुई। सोकर उठा तो ऐसा लगा, जैसे मैं न जाने कब का बीमार पड़ा हूँ। मेरे पोर-पोर में दर्द हो रहा था। लोगों से आँख कैसे मिलाऊँगा ? इतना बड़ा अपराध कर चुकने के बाद बाहर रोशनी में कैसे निकलूँगा ? अगर कहीं वह सामने ही पड़ गई और उसके गाल का निशान मुझे दीख गया तो ? कैसे सहूँगा मैं उस दृश्य को ? और मैं इसी पसोपेश में चोर की तरह बाहर निकल गया, दिन-भर योंही निर्लक्ष्य और निरुद्देश्य भटकता रहा। पार्क में पेड़ के नीचे बैठे-बैठे अपने-आपसे पूछा—यह दिन-भर अपने आपमें ही डूबे रहना, बात-बेबात चिड़चिड़ाना, दूसरे को कष्ट पहुँचाकर आनन्द लेना, व्यर्थ ही अपने पर नियंत्रण खोकर मार-पीट कर बैठना, लड़ना और रोना—यह सब मुझे आखिर हो क्या रहा है ? अपने को चाहे जैसे समझाता रहूँ, लेकिन कोई मेरी इन बाहरी हरकतों को देखे तो क्या यही अन्दाज़ा नहीं लगाएगा कि मैं पागल हो रहा हूँ ? अच्छी शादी हुई ! यह मुझे हो क्या गया है ?

बहुत दिनों बाद आज फिर मंदिर की तरफ़ (भीतर नहीं) जाकर अपनी जगह दिन भर बैठा रहा...उफ़्, मुझसे कितना जघन्य काम हो गया है ! हे भगवान्, मैं क्या करूँ !

रह-रहकर अपने ऊपर झुँझलाहट आती कि यह क्या सिर-दर्द मोल ले लिया मैंने ? हर समय 'प्रभा' या प्रभा के प्रति किए गए अपने व्यवहार की जुगाली करना। इन सारी बातों में कितना नुकसान कर रहा हूँ मैं अपना ! दुनिया में बस यही एक काम रह गया है ? क्लास में गए तो गुमसुम बैठे रहे, फिर चुपचाप मुँह लटकाए चले आए—चौबीस घंटे केवल यही बातें ! सोते-जागते बस, एक ही चरचा...आठ-दस महीने से खुलकर बातें करना, हँसना-मुसकराना, सब भूल गया मैं तो।

उस दिन फिर मैंने संकल्प किया—जो हुआ सो हो गया। अब मैं घर-बाहर सबको भूलकर सिर्फ अपने इम्तिहान की ही बात सोचूँगा और किसी भी तरफ ध्यान नहीं दूँगा। जो हो गया, उसे लेकर अब रात-दिन अपना दिमाग खराब करना गलत है। मुझे दुनिया में किसी से कोई मतलब नहीं, कोई मेरा सगा नहीं। किसी के प्रति मेरी कोई गलती नहीं, जिम्मेदारी नहीं। सब अपने-अपने भाग्य लेकर आते हैं, अपना-अपना रास्ता चुनते हैं। हे प्रभो, तुम साक्षी रहना, मेरी आज तक की गलतियों को माफ़ करना। अब मैं केवल अपने तक ही रहूँगा, केवल पढ़ूँगा।

और उस दिन के बाद से सचमुच मुझे अपने भीतर एक अजीब परिवर्तन लगने लगा। पहले घर और बाहर की जो बातें मुझे दिन-भर परेशान रखतीं, या जिनमें मेरी मानसिक शान्ति घंटों के लिए भंग हो जाया करती उन बातों को मैं देखता और फिर अपने पढ़ने, अपने इम्तिहान की बात सोचने लगता। बस पढ़ाई का यह भूत था जिसे मैं बलपूर्वक अपने सामने रखता और दिन-रात इससे ही लड़ता रहता। घर में रहने से बेकार दिमाग़ बँटेगा, इसलिए अक्सर बाहर ही रहता। यहाँ तो कुछ न कुछ होता ही रहता है। चलते-फिरते किसी दुकानदार के पास से लेकर अखबार देख लेता, और दिन का अधिकांश भाग दिवाकर के साथ कटता। गप्पें लड़ाने का मौका कम ही आता। वह कभी कोई बात शुरू कर देता तो बातों का सिलसिला चल निकलता। वह अपने किन्हीं शिरीष भाईसाहब की बातें निहायत ही श्रद्धा एवं गद्गद भाव से बताया करता। हर बार कहता कि वे आएँगे तो ज़रूर मिलाएगा। मुझे कोई खास उत्सुकता नहीं थी। आएँगे तो मिल लूँगा। सभी को आश्चर्य था कि मुझे पढ़ते रहने का कौन-सा नशा छा गया है।

उस दिन की घटना पर किसी ने कोई बात नहीं की। बाबूजी, भाईसाहब, सभी ने सुना और भाभी तो लगभग प्रसन्न हुईं। छोटे भाई इस तरह से मुझसे कतराते थे मानो मैं बिना किसी कारण उन पर झपट पड़ूँगा। उस समय भीतर दबी आशंका उभरकर ऊपर आ जाती, सचमुच क्या मुझे देखने से कुछ 'भयानक' लगता है ? हुँह, होगा भी। सिर झटककर मैं फिर अपने काम में लग जाता। यों भी घर में सब अपने-अपने में व्यस्त रहते थे। भाभी से अब सामना ही कम होता। जब भी मैं घर आता, वे कहीं एकांत में बैठी अपनी बच्ची में उलझी होतीं। कभी दूध पिला रही होतीं या कभी तेल लगाकर गरम पानी से नहला रही होतीं। प्रसव के बाद से घर का काम तो उन्होंने बिलकुल ही छोड़ दिया था। मुन्नी अपनी इच्छा की मालकिन थी। या तो भाभी की बच्ची को खिलाती रहती या गुमसुम पड़ी रहती। घर का अब सारा काम प्रभा के ऊपर ही आ गया था। लेकिन मुझे इसमें न तो ध्यान देने लायक कोई बात लगती, न कुछ अनोखा ही मालूम होता। यह

कब खाती है, कब आराम करती है, इस बात को सोचना मैं जाने कब भूल चुका था ! कभी-कभी उसका कोई पत्र आता तो हम लोगों में से कोई न कोई उसे ज़रूर खोल लेता। पढ़ने के बाद ही खत उसे दिया जाता। वह पत्र लिखकर चाहे किसी को डालने को दे, उसे पढ़ा ज़रूर जाता। लिफ़ाफ़े को पानी से गीला करके खोला जाता। कहीं घर के बारे में कोई उलटी-सीधी बात तो नहीं आ-जा रही ? वैसे शायद उसने पत्र लिखने बन्द ही कर दिए थे।

सुना, एक दिन अम्मा कह रही थीं, "क्यों री बहू, तू चिट्ठी-विट्ठी नहीं डालती ? इनके पास तेरे बाप की चिट्ठी आई है। पूछा है, कहीं तू बीमार तो नहीं है ?"

"क्या लिखूँ, अम्माजी ? आप देख ही रही हैं, सब ठीक है।" चटनी पीसना छोड़कर प्रभा बोली।

"अरी, सो तो हम देख ही रहे हैं। पर फिर भी बिटिया, कभी-कभी डाल दिया कर दो हरफ ! माँ-बाप का मन है। लिखा है पाँच-छः खत डाले हैं, तूने एक का भी जवाब नहीं दिया।" जाने कितने दिनों बाद प्रभा ने माँ का नरम स्वर सुना।

मैं राशन लाने के लिए थैला खाली कर रहा था, देखा कि उसकी आँखें छलछला आईं। थोड़ी देर चुप रही; फिर कुछ घूँटती-सी धीरे से बोली, "लिखूँगी अम्माजी !"

मैं बिना किसी की ओर देखे वहाँ से चला आया। पता नहीं, इस बारे में और क्या बात हुई। बार-बार बात उभरकर मन में आई, लेकिन मैंने अपने को जोर-शोर से पढ़ाई में लगा दिया।

असल में मुझे ऐसा लगने लगा था कि मेरी संवेदनशीलता और महसूस करने की शक्ति धीरे-धीरे या तो समाप्त होती या सुन्न होती चली आ रही है। मुझे कोई भी चीज़ इस लायक नहीं लगती थी कि उस पर सोचा जाए। उदाहरण के लिए, मेरा सारा काम अब वही करती थी। लेकिन मैं अधिक से अधिक तटस्थ था। रात को लोटा भरकर पानी रख जाती, कभी भाईसाहब, बाबूजी या अम्मा की इच्छा से गुड़ की चाय बनती तो गिलास-कटोरी में चाय चुपचाप मेरे पास आ जाती। बिना देखे कि कौन लाया है, मैं उसे पी जाता। अधिकांशतः चौके में वही रहती थी, इसलिए पहले-पहल खाने में बड़ी दिक्कत आई। रोटी इत्यादि लेने के लिए मैं मुन्नी को पुकारता। अब धीरे-धीरे वह खुद परोसने लगी। थाली अपनी ओर खींचकर मैं जल्दी से भगवान् का भोग लगाता और खाना शुरू कर देता। ऊपर से और रोटियों की ज़रूरत होती तो मैं थाली उसकी तरफ़ खिसका देता। जो चीज़ कम दिखाई देती, वही मिल जाती। पहले यह ढंग बड़ा विचित्र लगा,

मन ही मन हँसी भी आई लेकिन अब इसमें कोई नयापन नहीं लगता। अब तो कतई झिझक नहीं होती थी। ऐसा लगता था कि यह क्रम ज़िन्दगी-भर चलाया जा सकता है। जैसे मशीन से काम लिया, नल से पानी लिया और चल दिए, ठीक उसी तरह अपना काम पूरा करते ही मैं अपने में डूब जाता। सच पूछा जाए तो बोलने के सिवा सारे काम हो ही रहे थे। मैंने यह अनुभव करना एकदम भुला दिया था कि प्रभा भी कोई चलता-फिरता संवेदनशील प्राणी है, और उसका मुझसे भी कोई सम्बन्ध है। अब तो मैं हर बात को इस तरह देखने लगा था जैसे वह बात मुझसे दूर और अलग की हो। इस प्रकार मैं सब-कुछ भूलता चला जा रहा था।

और यह भूलने का क्रम कुछ ऐसी तेज़ी से चला कि मुझे खुद डर लगने लगा। कहीं यह पागल होने की भूमिका ही तो नहीं है। हर गुजरा हुआ दिन मुझे सपने जैसा धुँधला और असत्य लगता, और हर आनेवाली बात के प्रति एक अनुत्सुक जड़ता छाई रहती। साथ ही यह भी महसूस होता कि मैं सिर्फ संसार और अपने आस-पास को ही नहीं, अपने-आपको भी भूले चला जा रहा हूँ; नहाने-खाने का ध्यान नहीं रहता। मौके-बेमौके सनक उठती तो सब-कुछ छोड़-छोड़कर गीता पढ़ने बैठ जाता। अपने कपड़ों और चीज़ों की याद नहीं रहती। पढ़ते-पढ़ते किताब कहीं रखकर भूल जाता और फिर घंटों उसे खोजता रहता। और जब वह अक्सर किताबों के ढेर में ही मिल जाती तो माथा ठोक लेता। कलम, पेंसिल, चाबी और पैसे अक्सर ही खोते रहते, या कहूँ उन्हें रखकर भूलता रहता। हालत यहाँ तक बढ़ती चली जा रही थी कि सुबह की पढ़ी चीज़ सन्ध्या को भूल जाता। जिस किताब को भी उठाता, बिलकुल नई लगती। हमेशा खोया-खोया-सा रहता। लगता ऐसा था जैसे मेरे भीतर की कोई चेतना-शक्ति धीरे-धीरे मरती चली जा रही है, या जो अन्तस्तल पानी की तरल सतह की तरह आंदोलित हो उठता था अब बर्फ की तरह जमकर ठोस, निस्पंद और निर्जीव होता चला जा रहा है। कोई भी बात उस पर पड़ती और छिटककर दूर जा गिरती, मानो कुछ हुआ ही न हो।

बस एक चीज़ थी और वह मैं नहीं भूला था कि मुझे इम्तिहान देना है।

ठोस पत्थर पर जैसे जल की धारा बहती चली जाए, उसी तरह समय, दिन और रात की लहरों में बहता चला जा रहा था, और मैं चेतना-शून्य होकर देखता था कि पत्थर ज्यों का त्यों है।

दस बजने को आए थे और अभी दाल में उफान भी नहीं आया था। प्रभा जल्दी-

जल्दी आटा गूँध रही थी। मैं एक बार रसोई का चक्कर लगा आया था और अब निकलने की बात सोच ही रहा था कि मुन्नी भागी हुई आई, ''छोटी भाभी, छोटी भाभी, तुमने बड़ी भाभी को दूध नहीं पहुँचाया, वे नाराज़ होकर रो रही हैं।''

प्रभा ने आटे में ही अपने को व्यस्त रखे हुए मुलायम स्वर में कहा, ''बीबीजी, दूध तो किया हुआ रखा है, लेकिन तुम देख लो, अभी दाल में उफान आता होगा। सब खानेवाले आते होंगे, एक-एक रोटी को बिठाना अच्छा नहीं लगता। दो-चार पहले से निकाल लूँ तो सँभाल लूँगी।'' फिर खुशामद के स्वर में बोली, ''बीबीजी, तुम दे आओ न ज़रा। उधर चूल्हे की बगल में रखा है कटोरी से ढका हुआ।''

मुन्नी ने उधर जाकर देखा तो उसका मुँह एकदम खुला रह गया, ''हाय भाभी, यह तो फैल गया ! अब ?''

''फैल गया ?'' उसका चेहरा एकदम फक् हो गया। हाथ का काम छोड़कर उधर लपकी, ''मैंने तो ठीक रखा था, पता नहीं...''

''अब बड़ी भाभी सारा घर सिर पर उठा लेंगी।''

तभी उधर सुना, अमर अम्मा से शिकायत कर रहा था, ''अब अम्मा, तुम्हीं देख लो, दस बज रहे हैं। अभी तक खाना ही नहीं बना। कब खाना खाएँ, कब पढ़ने जाएँ ?''

''तुम्हें चाहे देर हो या सवेर, वह तो धीरे-धीरे ही करेगी !'' अम्मा ने ताने से कहा, वे इन बातों के लिए पूजा बीच से तोड़ देतीं और अपनी बात कहकर फिर पूजा वहीं से शुरू कर देतीं। बोली, ''एक दिन का काम हो तो देर भी समझ में आवै, बोलो जो काम तुम्हें रोज़ करना है उसे भी तुम सँभाल नहीं सको...''

अमर वहीं से कहता हुआ चौके में आया, ''भाभी का तो आटा गुँध रहा है, अभी तो दाल ही हो रही होगी।'' फिर उसने रसोई के बीचवाली कमर-बराबर ऊँची दीवार से झाँककर देखा कि दाल चढ़ी भी है या नहीं। धुएँ से उसकी आँखों में पानी भर आया था। मुन्नी फैले हुए दूध के पास खड़ी थी और डरी-सहमी-सी प्रभा आटे के हाथों से ही उसे धरती से समेट रही थी। वहीं से अमर चिल्लाया, ''यहाँ तो खूब दूध फैलाया जा रहा है !''

अम्मा सारा पूजा-पाठ भूल गईं। बारूद में आग लग गई। ''फैला दिया दूध ! चलो, अच्छा हुआ ! उसकी गाँठ से क्या जाता है ? उसका तो बाप भूरी भैंस बँधवा गया है न, सो रोज़ कभी दूध फैल रहा है, कभी उफान आ रहा है। उबल-उबलकर सारी दाल फैली जा रही है, कोई देखनेवाला ही नहीं है। अन्धी हो गई है। फूहड़ चालै, सब घर हालै। चलेगी तो कभी यह तोड़, कभी यह फोड़। समझ में नहीं आता कि हाथ-पैरों में दम है भी या नहीं। थूथन ऊपर उठा के काम करेगी। मस्ता

रही है। खुद ठूँस के ढाई सेर भर लिया। अब बोलो, बहू बेचारी भूखी मरेगी या नहीं ? लच्छन एक नहीं है, जो एक नाम लेने को भी हो। आग लगे ऐसी पढ़ाई में ! दसवाँ पढ़ी हैं ये, दसवाँ...! क्या घूरे-जैसी हालत कर रखी है रसोई की ? चकला इधर पड़ा है, बेलन वहाँ लुढ़क रहा है। खाने बैठो तो उबकाई आवै। हे भगवान्, अच्छी हमारे मत्थे मढ़ी है। हम तो यहाँ जाने कैसे रो-धोके अपने दिन निकाल रहे हैं और वहाँ आसमान से बरसता दिखाई देवै है...''

आगे और क्या हुआ इसकी ज़रा भी चिन्ता किए बिना मैं किताबें उठाकर पढ़ने चला आया। पहला समय होता तो न जाने क्या करता या कहता। पर अब लगा, ये सारी बातें ध्यान देने लायक नहीं हैं। प्रभा ने जो कुछ किया, या प्रभा जो कुछ करती है, वह अच्छा है या बुरा यह सब समझने की ज़रूरत ही महसूस नहीं होती थी। मानो जो कुछ भी हो रहा है उसमें कुछ भी असाधारण नहीं है। अब तो बिलकुल ऐसा लगने लगा था जैसे न तो प्रभा से मेरा कोई सम्बन्ध है और न घरवाले ही मेरे अपने हैं।

बीच में दो-एक पीरियड खाली देखकर, समय निकालकर आया तो देखा कि मेरे ही कमरे में थाली ढकी रखी है। जल्दी-जल्दी पेट में डाला और फिर भागा। कुछ भी खास नहीं लगा। हाँ, घर की हवा से इतना ज़रूर लग गया कि बाद में उस बात पर खूब महाभारत हुआ होगा। हुँह, हमें क्या है ! हुआ होगा...

फरवरी शुरू हो गई थी और कड़ाके का जाड़ा पड़ रहा था। मार्च के शुरू में ही इम्तिहान थे, इसलिए आजकल तैयारियों के लिए छुट्टियाँ हो गई थीं। मैं अक्सर दिवाकर के यहाँ पढ़ने चला जाता, घर में कोई ऐसी जगह ही नहीं थी जहाँ बिना किसी विघ्न-बाधा के दोपहर या शाम को भी पढ़ते रहा जा सके। कोई न कोई हंगामा होता रहता या कोई न कोई काम निकल आता। ''ज़रा-सा दौड़कर चक्की से आटा ले आओ, भैया !'' मुन्नी कहती। भाभी ही पूछतीं, ''वैद्यजी से कहकर कोई अच्छी-सी घुट्टी नहीं ला दोगे, लालाजी !'' इसके अलावा साथ पढ़ने से बहुत-सी बातें अच्छी तरह समझ में आती थीं। हम दोनों कभी-कभी किसी प्रोफेसर के पास पूछने भी चले जाते थे। अकेले तो मेरी हिम्मत नहीं थी। उसके पास घर से बिलकुल अलग अपना एक कमरा था, इसलिए कभी-कभी रात को भी उसके ही यहाँ रह जाता। सच पूछा जाए तो मुझे उसके यहाँ पढ़ने, सोने में घर से ज़्यादा शान्ति मिलती थी। अपने घर तो जब भी जाओ या तो कोई काण्ड होकर चुका होता और उसके कारण सबके चेहरे मनहूस होते, या फिर काण्ड हो रहा होता। कभी-कभी बैठी अम्मा रो रही हैं, कभी भाभी बड़बड़ा रही हैं। हाँ, एक चीज़ थी

जो कभी-कभी दिल पर घूँसा जैसा मार जाती थी। प्रभा का चेहरा मैंने सदैव ही अपरिवर्तनीय और ऐसा भावहीन देखा मानो किसी ने पत्थर का बना दिया हो। हमेशा गम्भीर और कुछ हद तक मनहूस ! उसकी आँखों के आसपास काले गड्ढे बने रहते और जाड़े के मारे होंठ पपड़ाए रहते। एड़ियों से मैल भरी बिवाइयाँ झाँका करतीं।

सुबह दिवाकर के यहाँ से लौटा तो अम्मा उसे प्यार से समझाकर डाँट रही थीं, "जाने सिर कब का धुला हुआ है। इसे कभी-कभी तो धो लिया कर कलमुँही ! बना रखा है कंजरों-सा। ला इधर ला, मैं दियासलाई लगा दूँ इनमें। रोज़-रोज़ की इल्लत ही जाए। पता नहीं, कितनी जूएँ पड़ गई होंगी। खाने में जाती होंगी।"

अम्मा के स्वर में न क्रोध था, न ताना। शायद इसी से उसने हिम्मत करके कहा, "अम्माजी, अब तुम्हीं बताओ, किस बखत धोऊँ !"

यह बताना बड़ा मुश्किल था कि अम्मा किस बात से भड़क उठेंगी। उनके स्वर में तेज़ी आ गई, "ओहो, अब तो ये जताने लगी कि मैं इतना काम करूँ, क्यों ? वाह री ! अच्छी बहू है, तू तो काम के ताने देने लगी। अरे, तुझे अपना काम करने की फुरसत नहीं मिलती ? खाने की तो मिल जाती है ना ? ज़रा गिना तो दे मुझे, ऐसा कौन-सा काम करै तू ? दोनों बखत रोटी ही का काम, एक काम कह लो। सो इसमें चाहो तो सारा दिन लगा दो। मुझे तो बता, कौन-सा घर है, जहाँ बहुएँ काम नहीं करतीं ? भैना, तेरे बाप के यहाँ दस नौकर लगे होंगे, हमारे यहाँ तो सब बहुएँ ही करेंगी काम।"

मैं नल के पास कोयले से दाँत साफ कर रहा था। रोती हुई बच्ची को दोनों हाथों में झुलाते हुए भाभी ने मेरी ओर इशारा करके कहा, "देख लो, ज़रा-सा काम क्या करना पड़ा, रोज़ हल्ले करवा रही है। बोलो, हम नहीं करते थे ? कहा किसी भी दिन अम्माजी ने कुछ ? ज़रा-सी करने क्या लगी, एहसान जता रही है, एहसान। मेरे काम का तो एहसान जताइयो मती बहू, जितना तूने किया है मैं तो सब ब्याज समेत चुका दूँगी। हाँ, कहीं कल को कहे..."

भैया वहीं से गरजे, "क्या दिन-रात चख-चख होती रहती है ? दिन निकला और शुरू हो गया। कोई और काम नहीं है क्या ? नौ बज रहे हैं।"

लेकिन उनकी बात को किसी ने नहीं सुना। अम्मा ने अपने-आप ही कहा, "चख-चख होती रहती है तब तो यह हाल है, न हो तो एक दिन सारे घर का पटरा बैठ जाए। यहाँ तो सभी लातों के देवता हैं। जब तक कुछ कहो नहीं, क्या मजाल पत्ता तक हिल जाए। अब कहूँगी नहीं तो धोती सिलेगी थोड़े ही, चाहे सारी

फट जाए। और मैली कैसी चीकट कर रखी है, देखो। क्यों री, यह गंदी और फटी धोती तुझे नहीं दिखाई देती ? यों कहो कि धोने के नाम दम निकलता है। कौन मेहनत करे ! वहाँ तो पलंग पर बिठा दो और हाथ में पकड़ा दो किताब...''

आँखों पर पानी के छींटे मारते हुए ही मैंने देखा, धोती इतनी जगह से छलनी हो रही थी कि न तो उसके सिलने की ही गुंजाइश थी और न धुलने की। फटी हुई जगहों से जाड़े के स्वागत में खड़े हुए बड़े-बड़े रोंगटे दिखाई देते थे। 'हुँह, होगा हमें क्या है' का भाव उठा और मैं मुँह-हाथ धोकर अँगोछे से मुँह और गरदन रगड़ता हुआ चला आया। मन में ज़रा-सी भी उत्सुकता नहीं हुई कि देखें, इस झगड़े का अन्त कैसे हुआ या बात ने आगे जाकर क्या रुख लिया ? लगा, सोचने और महसूस करने की शक्ति कभी मेरे भीतर थी ही नहीं।

दोपहर के बाद आया तो बाबूजी नाराज़ हो रहे थे, ''अरे, इससे परदा नहीं करती तो मत करो। छाती पर पत्थर रखके उसे भी सह लेंगे; लेकिन बेशरमी की ऐसी हद तो मत करो। ऊपर जाकर सिर धोते समय तुम्हें दीखा नहीं कि चारों तरफ़ लोग क्या कहेंगे ? जाड़ों में धूप सेंकने के बहाने सभी तो ऊपर छतों पर चले जाते हैं। इधर-उधर ताक-झाँक करने में उनके बाप का क्या जाता है। यह मुन्नी भी इतनी बड़ी हो गई, इसे नहीं सूझा ? बैठी-बैठी सिर पर पानी डाल रही थी...।''

मुन्नी ने मुँह बनाकर कहा, ''बाबूजी, तुम भी अनोखी बातें करते हो। अब ऐसी तो ठंड है। तुमने तो राम-राम करके उलटा-सीधा पानी दो लोटे डाला, और नहाने का नाम करके चल दिए, पर हम लोगों का सिर कोई ऐसे धुलता है ? दो घंटे लगते हैं। तब तक नीचे ऐसे जाड़े में कोई कैसे भीगे ? हाथ से पानी लो, तो काटने को दौड़ता है। ऊपर छत पर धूप थी, अगर चली ही गई तो क्या ऐसी आफत आ गई ?''

''तो जाड़े तो पड़ते ही रहेंगे।'' मुन्नी का रवैया देखकर बाबूजी कुछ ठंडे हो गए। अम्मा बोलीं, ''मेरे पास तो हैं नहीं तीन रुपए मन की लकड़ी दिन-भर पानी गरम करने को। एक हो तो किया भी जाए, पूरी फौज़ को तो दो मन लकड़ी पानी के लिए ही चाहिए।''

अम्मा की बोलने की शक्ति इन दिनों आश्चर्यजनक रूप से बढ़ गई थी। भाभी हमेशा बच्ची को ही टाँगे फिरती थीं।

और मेरा सारा शरीर इस तरह सुन्न रहता जैसे किसी ने अफ़ीम का इंजेक्शन लगा दिया हो। कभी-कभी तो मुझे ऐसे लगता जैसे मुझे किसी सख़्त खोल के भीतर इतना गहरा बन्द कर दिया गया है कि वहाँ न तो कोई स्वर पहुँच पाता

है, न कोई चीज़ मुझे छू पाती है। मेरे भीतर कोई बोलता, महसूस करता है या नहीं, यह भी मैं नहीं जान पाया। या तो वहाँ संवेदनाएँ घुटकर रह जाती हैं, या संवेदना जैसी कोई चीज़ ही नहीं रह गई है। बाहर और भीतर सब अयथार्थ लगता। लगता, ऊपर की तहें तो मजबूत हो ही गई हैं, भीतर भी प्रतिक्षण कुछ जमकर सख्त होता चला जा रहा है। क्या धीरे-धीरे मेरा अन्तर्बाह्य सब-कुछ जमकर पत्थर रह जाएगा...?

नहीं, यह सब नहीं सोचना। परीक्षाओं के पाँच-सात दिन रह गए हैं।

नौ

आखिरी पेपर करके हॉल से निकला तो तबीयत बड़ी हलकी और खुश थी। परचे अच्छे हो गए थे। एक बहुत बड़ा बोझ सिर से उतरा। पहले तो एक काम था जिसमें जी-जान से लगे थे, लेकिन अब क्या करेंगे, इस समस्या पर सोचने से पहले ही दिवाकर बोला, "चलो, आज खूब डटकर सिनेमा देखा जाए। वर्षों हो गए सिनेमा ही नहीं देखा।" अगर वह आगे खुद ही न कह देता तो मेरे लिए बड़े धर्म-संकट का विषय हो जाता। "आज हम दिखाएँगे और अगर माताजी राजी हो गईं तो किरण को भी ले चलेंगे। बेचारी को न जाने कब से सिनेमा देखने को नहीं मिला। सोचती होगी अच्छी कुएँ में आ फँसी।"

जब हम लोग अलग हुए तो उसने फिर एक बार याद दिलाया कि मैं ठीक समय पर शाम को आ जाऊँ। ऐसा न हो कि अपनी दार्शनिकता में ही उलझा रहूँ। लेकिन उस बेचारे को क्या पता था कि घर पर कौन-सी घटना मेरी राह देख रही है।

एक युग के बाद अचानक मुन्नी के पतिदेव तशरीफ लाए हुए थे। मुझे न जाने क्यों, इस आदमी की सूरत से नफरत थी। सारे घर में एक तरह की हलचल मची थी। सबको आश्चर्य था। उन्हें टिकाया गया था, बाहरवाली बैठक में। इसी में अक्सर बाबूजी और भाईसाहब बैठे रहते थे। और तो कुछ पता नहीं चला, हाँ, आते ही उन्होंने यह बता दिया था कि मुन्नी को लेने आए हुए हैं। जिसने दो-ढाई साल से कोई सूचना या पत्र नहीं दिया, कभी यह जानने की कोशिश नहीं की कि मुन्नी मर गई या ज़िन्दा है, बाबूजी के बीसियों पत्रों को जो चबा गया और जिसे बिरादरी का प्रभाव भी नहीं हिला सका, उसे अचानक यों आए देखकर सबके-सब हक्के-बक्के रह गए थे। वह मुन्नी को लेने आया है, यह सुनकर मैं तो स्तंभित ही रह गया। घर में सब लोग बड़े सहमे-सहमे और आपस में बातचीत करने को उत्सुक घूम रहे थे। प्रभा और मुन्नी चुपचाप चौके में लगी थीं। भाभीजी और अम्मा धीरे-धीरे घुसुर-फुसुर कुछ बातें कर रही थीं, तरह-तरह के अनुमान लगा रही थीं और रह-रहकर कुँवर को बाहर भेज देती थीं, "जा चुपके से सुन के तो आ, तेरे बाबूजी और उनमें क्या-क्या बातें हो रही हैं।" भाभी खुद भी सधे पंजों

से अपने को भरसक आड़ में रखती हुई दरवाज़े की ओट में आतीं और कान लगाकर सुनतीं, फिर तुरन्त आकर अम्मा को सारे समाचार देतीं। कुछ सुन लेतीं बाकी घटाना-बढ़ाना अनुमान से कर लेतीं। सभी इस अप्रत्याशित हृदय-परिवर्तन का कारण जानना चाहते थे। बैठक में काफी गम्भीरतापूर्वक बातें चल रही थीं।

रात को खाना इत्यादि खिला चुकने के बाद बाबूजी ने आकर अम्मा को सूचना दी, "कल मुन्नी जाएगी, सुबह दस बजे की गाड़ी से।" सारे घर में सन्नाटा छा गया।

आखिर मामला क्या है, जानने को हम सब पास घिर आए। अम्मा ने इतनी देर मामला जानने की प्रतीक्षा में जो कष्ट सहा था, इससे वे झल्ला रही थीं। झुँझलाकर बोलीं, "बैठो तो सही, कुछ बताओगे भी कि चले आए, कल मुन्नी जाएगी ! ऐसी क्या आफत आ गई अब निपूते पर ? दो साल कौन-सी मक्खी छींक गई थी ?" अम्मा का गला भिंचा हुआ था कि कहीं स्वर बैठक तक न पहुँच जाए।

बाबूजी अम्मा की खाट की पाटी पर पैरों की ही तरफ बैठ गए। ज़मीन पर छोटी-सी लालटेन रखी थी। हम सब उसके आस-पास गोला बनाए जाड़े के कारण उकड़ूँ बैठे थे, घुटनों पर ठोड़ियाँ टिकाए सभी को बाबूजी की बात जानने की उत्सुकता थी। मुन्नी एक ओर दीवार से लगी पहले ही बैठी थी। ज़बरदस्ती बच्ची को सुलाकर लम्बा-सा घूँघट निकाले भाभी भी आ गईं। प्रभा नहीं दिखाई दी। हम लोगों के बीच में वही एक हलकी रोशनी थी जो मेरे, भाईसाहब, अमर और कुँवर के घेरा बनाकर बैठ जाने के कारण धुँधली और ढँक-सी गई थी। कुँवर डरते हुए लालटेन के सिर पर हाथ रखकर गरमाहट लेने का प्रयत्न कर रहा था ताकि ऐसे गम्भीर अवसर पर कोई हाथ न झटक दे। लेकिन उसकी ओर किसी का ध्यान ही नहीं था।

संजीदगी से बाबूजी ने बताया, "भई, वह मुन्नी को लेने आया है। बहुत माफ़ी-वाफ़ी माँग रहा है, अफ़सोस ज़ाहिर कर रहा है कि गलती हो गई, अब कभी ऐसा नहीं होगा। अगर ऐसी बात सुनी तो कान पकड़ लेना। जो बिरादरी का दंड होगा, भरूँगा। जब रुआँसा-सा हो आया तो मैं क्या करता !"

"तो आखिर कुछ बात भी कि यों ही रुआँसा-सा हो आया ? अब अचानक कौन-सी अकल-दाढ़ फूट आई उस कम्बख्त के ? उस चुड़ैल को क्या हुआ ?" अपने जमाई के लिए अम्मा जिस भाषा का प्रयोग कर रही थीं, वह नई थी।

"उस चुड़ैल के कारण ही तो अकल आई है। पाँच-छः महीने हो गए, सब कपड़े-जेवर समेटकर चम्पत हो गई। पुलिस-वुलिस में रिपोर्ट भी की। मगर हाथ

आती वह कहीं फिर ? अब जाकर सारा दिमाग ठिकाने लग गया।"

हम सब चौंके, "हुँह, तो यह बात है ! अब गरज पड़ी है तो लाट साहब आए हैं !" कुँवर ने झल्लाकर कहा, "बाबूजी, तुम भी मत भेजना मुन्नी जीजी को !"

पर इस गम्भीर वातावरण में उसकी बात किसी भी महत्त्व की नहीं मानी गई। भाईसाहब ने बताया, "अब तो कहता है कि उसने मुझे बरबाद कर दिया। पहले अन्धा कर दिया था, अपना भला-बुरा कुछ भी सूझना बन्द हो गया था। पता नहीं, उसके बहकावे में आकर कहाँ चरने चली गई अकल !"

"गई थी तेरी अम्मा के पीहर !" अम्मा ने क्रोध में मुँह झटका। फिर गहरी साँस लेकर बोलीं, "अब ऐसे आदमी का ठीक क्या है ? कल किसी दूसरी के बहकावे में आ जाएगा। मैं तो अपनी लौंडिया को नहीं भेजती। पहले अधमरी कर दिया था, अबके तो मार के ही छोड़ेगा।"

"भाई, वह कसम खा रहा है, विश्वास दिलाता है।" बाबूजी ने समझाने के ढंग पर कहा, "बातों से भी लगता है कि अब समझ आ गई है। धीरज की माँ, हो गई गलती एक बार। अब क्या कोई ज़िन्दगी-भर यही करता रहेगा ! इस उम्र में आदमी को होश नहीं रहता। हमने उससे सारी बातें साफ़-साफ़ कर ली हैं।"

अम्मा नहीं मानीं। उसी तरह लापरवाही से बोलीं, "तुम्हारी बातों की क्या है ? जिसने जैसा समझा दिया, वैसा ही मान गए।"

"बस, यही बात मुझे तुम्हारी बुरी लगती है। मुझे गुस्सा आ जाता है। तुम समझती तो खाक नहीं हो, और बस अपनी-अपनी गाए जाती है। कभी दूसरे की भी सुना करो।" परेशानी और हारे स्वर में बाबूजी ने कहा, "इस वक्त उसकी गरज ही सही, आया तो खुद है। एक दफा ठोकर खाकर उसकी आँखें खुल गई हैं। बातों से भी पता चलता है कि उसे काफ़ी पछतावा है और तंग-वंग नहीं करेगा। ऐसी हालत में तुम्हीं बताओ, भेज देने में हर्ज क्या है ? अच्छा, और नहीं तो क्या, उसे यों ही ज़िन्दगी-भर बिठाकर रखोगी ! उसे पढ़ा-लिखा दें या कोई हुनर सिखा दें, इतना अपने पास है नहीं। लड़कों की ही देखभाल नहीं हो पाती। फिर सबकी अपनी-अपनी ज़िम्मेदारी है। हम लोग भी आखिर कब तक रखेंगे ? और अगर न हो तो लाओ, मुन्नी की दूसरी जगह शादी किए देते हैं।"

अम्मा छूटते ही बोलीं, "आग लगे तुम्हारे मुँह में ! शरम भी नहीं आ रही बाल-बच्चों के बीच में बैठे के ये सब कहते ? चले हैं, दूसरी शादी कर देते हैं। सो सारी बिरादरी और शहर हमारे जनम में थूकते फिरें, क्यों ? पहले ही कौन-सी नेकनामी फैली है ! अच्छी तुम्हारी आर्यसमाजियों के साथ रह-रहकर अकल सठिया गई है।"

"तो फिर तुम्हीं बताओ, क्या करूँ ? अकल की बात कहता हूँ सो तुम्हारी समझ में आती नहीं। कुछ कहो तो तुम हो जाती हो नाराज़। तुम्हीं बताओ, क्या किया जाए ? मेरी समझ में तो इससे अच्छा मौका मिलेगा नहीं। खुद घर आया है। तुम यह भी तो सोचो, मुन्नी का यहाँ होगा क्या ? अपने वहीं रहेगी, घर-गिरस्ती सँभालेगी। बाद में जब साँप निकल जाए तो लकीरें पीटते रहना। वही वाला हिसाब है आँगन आए नाग न पूजे, बाँबी पूजन जाए।"

अम्मा ने कुछ कहने के लिए मुँह खोला ही था कि अचानक मुन्नी के फूट-फूटकर रोने से सब चौंक गए। अभी तक वह भी दीवार से पीठ टिकाए घुटने ऊपर किए उकड़ूँ बैठी थी। जाड़े के कारण, या मुँह छिपाए रखने के कारण उसने अपनी दोनों बाँहों से घुटने घेर रखे थे। अब उसका सिर रुलाई के झटकों से हिलने लगा। मैं उसके सबसे पास था। मैंने माथे से हाथ लगाकर उसका सिर ऊपर उठाते हुए दुःखी स्वर में पूछा, "क्या बात है मुन्नी ? क्या बात है ? बता न, क्यों रो रही है, क्यों ?"

उसने ताकत लगाकर सिर छुड़ा लिया और यों ही और भी ज़ोर-ज़ोर से रोने लगी।

"कुछ बात भी तो बता मुँह से, मुन्नी ! हमें पता कैसे चलेगा कि क्यों रो रही है ?" भाईसाहब ने हमदर्दी से पूछा।

बिना जवाब दिए वह रोती रही। कुछ देर बाद बड़ी मुश्किल से उसने रोते-रोते ही सिसकियों में कहा, "बाबूजी, तुम मुझे अपने हाथ से ज़हर देकर मार डालो, मेरा गला घोंट दो...मुझे वहाँ मत भेजो...मुझे वहाँ मत भेजो, बाबूजी ! मैं वहाँ मर जाऊँगी...मैं तुम्हारे हाथ जोड़ती हूँ...पाँव पड़ती हूँ—मुझे कहीं मत जाने दो।" और एकदम झपटकर वह खाट के नीचे लटके बाबूजी के पैरों से लिपट गई, बिलख-बिलखकर रोने लगी।

हम सब लोगों की आँखों में आँसू भर आए। अम्मा अपने गिरते हुए आँसुओं को पल्ले से पोंछती और मुँह खोलकर सिसकती-सी साँसें लेती रहीं।

"अरे-अरे, यह क्या करती है ?" बाबूजी ने झुककर काफी बल लगाकर उसे ऊपर गोद में खींच लिया। वह उनकी गोद में औंधी लिपट गई और कटती हुई गाय की तरह रोती रही। अपनी रुलाई के चीत्कारों को वह बाबूजी की कमीज़ अधिक-से-अधिक मुँह में ठूँसकर दबाने की कोशिश करती रही, लेकिन लगता था जैसे रुलाई उसकी पसलियाँ तोड़कर बाहर फूट पड़ना चाहती हो। उसके दोनों कंधे और सारा शरीर रुदन के झटकों से बुरी तरह थर्राकर काँप रहे थे। उसके हिलते हुए काले-काले बालों वाले सिर पर झुककर ठोड़ी रखे बाबूजी भी निःशब्द रोते रहे।

मोटे-मोटे आँसू उनके गालों से ढुलककर मुन्नी के बालों में खो जाते। अपने हृदय की बेचैनी को वे जल्दी-जल्दी उसकी पीठ पर सान्त्वना का हाथ फेरकर दबाने की कोशिश करते। हम लोगों की आँखों से भी आँसू चुपचाप गालों पर फिसलते रहे। कभी-कभी वह खारा-खारा तीखा तेज़ाब होंठों के कोनों से मुँह में आ जाता। उठते हुए आवेगों को दबाने और नाक से बहते हुए पानी को रोकने के लिए बार-बार नाक से साँस खींचते। कुँवर से जब नहीं रहा गया तो वह उठकर अम्मा से चिपटकर रोने लगा, ''अम्मा, मुन्नी जीजी को नहीं जाने देंगे...उन्हें मत भेजो।''

इस इतनी दुखी लड़की के प्रति हम लोगों ने कितनी उपेक्षाएँ और कभी-कभी दुर्व्यवहार दिखाया है, इसे सोच-सोचकर और भी कष्ट हो रहा था। मैंने निश्चय किया कि मुन्नी को मैं रखूँगा, चाहे मुझे कुछ भी क्यों न करना पड़े। एक लड़की के लिए खाने-कपड़े का इंतज़ाम हम लोग नहीं कर सकते ? और आठ-दस मिनट बाद जब उद्वेग कुछ कम हुआ तो सहसा ही मुन्नी ने फिर कहा, ''बाबूजी, मैं किसी का चौका-बरतन कर लूँगी, पीस-कूट लूँगी, मुझे वहाँ मत भेजो उनके साथ।''

बाबूजी अब अपने पर नियंत्रण पा चुके थे। समझाते हुए बोले, ''पगली हुई है, बेटी ! हम लोग क्या कोई गैर हैं ? तू आधी रात को यहाँ आ जाइयो, कोई ऐसी-वैसी बात देखे तो। यह तेरा घर पहले है, हमारा बाद को। पर तू इस बार तो मान जा, अब कोई बात नहीं होगी।''

''नहीं बाबूजी, नहीं !'' जैसे किसी भयंकर दैत्य को कल्पना में देखकर वह फफक उठी, ''मुझे उस कुएँ में मत धकेलो बाबूजी...''

इस बार बाबूजी ने कराहते-से स्वर में घायल होकर कहा, ''तेरी भलाई के लिए ही तो कर रहे हैं बिटिया ! वहाँ अपना घर है, तू नहीं सँभालेगी तो फिर बिगड़ेगा। तेरी भलाई इसी में है, बेटी ! वहाँ बिरादरी में बदनामी फैलती है, सब लोग उँगली उठाते हैं, किस-किसका मुँह रोकेंगे ?''

''जिस दिन मेरे बारे में ऐसी-वैसी बात सुनो, मुझे अपने हाथ से ज़हर देकर मार देना, बाबूजी !'' वह रोती रही। लगता था, प्रयत्न करने पर भी उसकी रुलाई थम नहीं रही है।

बाबूजी फिर रोने लगे। इस बार लगा कि वे काफ़ी देर तक अपने को सँभाल नहीं पाएँगे और कुछ देर बाद ही वह फूट-फूटकर रोने लगेंगे। भावातिरेक से उनका नीचे का होंठ बुरी तरह काँप रहा था। फिर मुन्नी को एक ओर खाट पर हटाकर वे जल्दी से उठकर बाहर चले गए।

उसके बाद काफ़ी देर हम लोग, लगभग एक घंटा यों ही बैठे रहे चुपचाप

और गुमसुम। फिर जब ठंड लगने और नींद आने लगी तो एक-एक उठकर जाने लगा। बस, मुन्नी ही अम्मा की चारपाई पर पड़ी सिसकती-सुबकती रही।

और सुबह मुन्नी को विदा कर दिया गया। वह चीख-चीखकर रोती रही, बिलख-बिलखकर रोती रही, लिपट-लिपटकर रोती रही। उस समय उसने कहा कुछ नहीं, बस रोती ही रही, मानो हिस्टीरिया का दौरा आ गया हो। प्रभा से लिपटकर तो इस तरह रोई जैसे दोनों जन्म-जन्मांतरों को विदा ले रही हैं। एक-दूसरे को छोड़ना ही नहीं चाहती थीं। गाड़ी को देर हो रही थी, इसलिए बड़ी मुश्किल से उन्हें छुड़ाया गया। बाबूजी उस समय किसी काम से चले गए थे।

मुन्नी मेरे ही बाद की थी, इसलिए घर-भर में मैं ही उसे सबसे अधिक प्यार करता था। मेरे गले में बाँहें डालकर तो वह बुरी तरह डकरा-डकराकर रोई। कंठ फँस गया था और मुझे ऐसा लग रहा था जैसे मेरे शरीर का एक-एक रेशा अलग-अलग बिखर जाएगा, मेरी पसलियाँ एक विस्फोट से फट जाएँगी और कलेजा मुँह की राह बाहर निकल पड़ेगा। उसने जैसे-तैसे सिर्फ इतना ही कहा, ''भैया, भाभी से बोलना, उन्होंने कुछ भी नहीं किया...''

और इसके बाद वह चली गई। उसे होश नहीं था, बस रोए चली जा रही थी। जब तक गाड़ी दीखी, मैं उसे देखता रहा। फिर अपनी कोठरी में आकर किवाड़ बन्द करके बैठ गया। आँसू लगातार गालों से बहकर आते हुए गोद में गिरते रहे और मैं समाधिस्थ की तरह बैठा रहा। मन में कुछ गूँज रहा था, जिसे मैं समझ नहीं पाता था।

घर में मुर्दनी छाई थी। कोई मुँह लटकाए इधर बैठा था, कोई उधर सिसक रहा था, मानो किसी को फूँककर आए हों। घर की हर दीवार हाय-हाय करके खाने को दौड़ती थी।

दस

खाना-वाना खाकर दिवाकर के यहाँ से निकले तो ग्यारह बज गए थे। घर पर कहकर भी नहीं आया था। जाकर वह डाँट पड़ेगी कि तबीयत ठिकाने आ जाएगी—'कम से कम कहीं जाओ, तो पूछताछकर तो जाओ।' अब आधी रात में किवाड़ खुलवाना भी एक समस्या होगी। जो भी खोलने आएगा, वह अपने कष्ट और मेरी ज़िम्मेदारियों पर भाषण देना अपना परम कर्त्तव्य समझेगा। एक-एक कदम चलते दिल धसक रहा था, सड़क और गलियाँ सुनसान पड़े थे। मकानों के ऊँचे-नीचे होने की वजह से सड़क पर चाँदनी कटी-फटी फैली थी। कोहरा मिलकर अजब धुंध-सा छाया था।

जाने क्यों, मन में बड़ी बेचैनी छाई थी, और भीतर कुछ कसक उठता था। हुआ यों कि मुन्नी के कारण उस दिन तो सिनेमा जा नहीं पाए थे। दो-तीन दिन बाद वह प्रोग्राम बना। रात को दस बजे सिनेमा खत्म हुआ। बहुत अच्छा तो नहीं लगा, लेकिन नायक-नायिका के प्यार के कुछ दृश्य सचमुच मन पर छाए रहे, और कसक होती रही कि काश, ये मेरे भी जीवन में उतर पाते। बहुत दिन बाद सिनेमा देखा था। लौटे तो पैदल ही घर की ओर चले। मैं और दिवाकर पास-पास थे, किरण कुछ दूर हटकर चल रही थी। और भी अनजाने स्त्री-पुरुष सिनेमा के किसी न किसी पक्ष के बारे में बातें करते चले जा रहे थे। किरण मुझसे या मेरे सामने प्रायः नहीं ही बोलती थी। सिनेमा आने के समय जो संकोच मन में आया था, वह अब फिर नए सिरे से जाग उठा। मेरे कपड़े उन लोगों से काफी नीचे स्तर के थे। मुड़ी-तुड़ी ऊँची-सी कमीज़-पैंट, भद्दे फटे पुराने-से सैंडल। विचित्र बात यह भी कि अपनी गाँठदार चोटी पर मुझे इतनी झेंप कभी नहीं आई, जितनी उस समय। उसे तो मैंने बड़े ही बेमालूम ढंग से खोलकर शेष बालों में मिला लिया। हाथ फेर-फेरकर देख लेता, कहीं वह अलग उठ तो नहीं आई है। मन में एक बार आया कि मान लो इसे कटा ही डाला जाए तो ? फिर साथ ही धिक्कार उठा—छिः, मेरे मन में भी क्या-क्या बातें उठती हैं आजकल !

तभी पास आकर दिवाकर बोला, "कहो जी महाराज, कैसे कट रहे हैं आजकल दिन ? क्या कर रहे हो आजकल ?"

मुझे भाईसाहब की बात याद आ गई। सुबह ही तो बैठक में उन्होंने कहा था, ''क्यों, अब क्या इरादा है ? इम्तिहानों से तो छुट्टी मिल गई न ?''

''मेरा इरादा क्या, जो भी आप कहें।'' मैं समझ गया कि उनका मतलब कोई नौकरी कर लेने से है।

''अब कहीं कुछ कोशिश-वोशिश करो। अपने उस दोस्त से कहो।''

''रिज़ल्ट तो निकल जाने दीजिए। अब कहीं एप्लाई भी करूँ तो क्या लिखूँ ?''

''रिज़ल्ट के तो दो-ढाई महीने हैं। तब तक भी तो कुछ करोगे ही। या यों ही वक्त बरबाद होगा ?'' चिन्ता-भरे स्वर में भाईसाहब बोले, ''घर की हालत तो तुम देख ही रहे हो। मेरे नब्बे-सौ रुपयों में हींग भी नहीं लगती। कुछ न कुछ तो करना ही होगा। अमर-कुँवर को अगर हम दोनों अच्छी तरह पढ़ा लें, तो उन्हें भी अच्छी सर्विस मिल जाएगी।''

''हाँ, हाँ, कुछ तो देखूँगा ही।'' मैंने टालने को कहा।

''अपने उस दोस्त से कहो न, कहीं न कहीं तलाश कर ही देगा। उसके तो बीस जान-पहचानवाले होंगे।'' उन्होंने फिर दिवाकर की ओर इशारा किया।

''पूछूँगा।'' असल में भीतर से आती हुई बाबूजी के चीखने की ऊँची-ऊँची आवाज़ों से मेरा ध्यान उधर खिंच गया। विषय बदलने को बोला, ''बाबूजी क्यों नाराज़ हो रहे हैं भीतर ?'' हालाँकि बात मेरे लिए कतई महत्त्व की नहीं थी। किसी न किसी पर नाराज़ हो ही रहे होंगे। जो जिसका काम है, वह कर रहा है, इसमें इतनी फिक्र की क्या बात है ? पर अब इस बात को टालना जो था।

''आओ, देखें, किसी पर नाराज़ होकर चिल्ला रहे हैं शायद।'' भाईसाहब और हम भीतर आ गए। उन्होंने फिर याद दिलाया, ''पर उससे पूछना ज़रूर। ज़िक्र तो कर ही देना।''

अब दिवाकर के पूछने से मुझे भाईसाहब की बात याद हो आई। मैंने कहा, ''कुछ नहीं। तुम बतलाओ, क्या करें।''

''अरे म्याँ, करना-वरना क्या, चोटी फटकारो और मस्त रहो। आराम बड़ी चीज़ है, मुँह ढक के सोइए !'' लापरवाही से कहकर उसे सहसा कुछ याद आ गया। बोला, ''लेकिन तुम्हारे दिमाग़ में आराम कहाँ ! तुम तो आराम के जानी दुश्मन हो न ! तुमने तो अभी या तो थर्ड-ईयर की किताबें घोटनी शुरू कर दी होंगी या भारतीय दर्शन पढ़ रहे होगे।''

मैंने उदास होकर जवाब दिया, ''नहीं दिवाकर, मैं शायद आगे नहीं पढ़ पाऊँ।''

"नहीं पढ़ पाऊँ ? क्या मतलब ?" फिर हँस पड़ा, "सुना किरण जी, हमारे समर साहब सिनेमा का डायलॉग बोल रहे हैं।"

किरण मुस्कराई। अभी तक केवल तटस्थ की तरह चल रही थी।

"हाँ," मैं अनमना हो आया, "खैर, अभी तो बहुत दिन हैं। अच्छा, अपनी बताओ, तुम क्या कर रहे हो आजकल ?"

"हम ? अरे, हमें क्या करने को रखा है ? बस, किरण जी हैं और हम हैं। बीच में नाराज हो गई थीं कि पढ़ाई ही हमारे लिए सब-कुछ है, और ये तो जैसे कुछ हैं ही नहीं। सो अब हमने अपने को इन पर ही छोड़ दिया है।" और वह ज़ोर-ज़ोर से हँस पड़ा। किन्तु यह देखकर कि मज़ाक कुछ अधिक चुटीला हो गया है, और अपने बीच की बातें यों बता देने में किरण की भवें सिकुड़ उठी हैं, वह एकदम बोला, "सो अब इन्हें माताजी से निपटना है। क्यों किरण जी, माताजी तो खूब ही नाराज़ मिलेंगी। तब तो गुस्से में कह दिया कि जाओ तुम सिनेमा, अब जो आँखों में धुआँ लगा होगा तो वो-वो गालियाँ दी होंगी कि सुनकर तबीयत ठिकाने लग जाए।"

"हुँह !" इस बार किरण ने उपेक्षा से कहा, "कहाँ तक दिन-रात मरें। छः महीने में एक बार सिनेमा आए हैं, अगर अब भी वह गालियाँ दें तो कोई क्या करे ?"

"उनके सामने कहना यह बात !" दिवाकर ने चिढ़ाया।

मुझे बात बहुत बुरी लगी। कैसा है यह दिवाकर, जो अपनी माँ के बारे में बहू से यों सुन रहा है ! और यह किरण...माँ-जैसी सास की ऐसी अवज्ञा कर रही है, मेरे सामने भी ? प्रभा कहती तो सारी प्रण-प्रतिज्ञाएँ भूलकर उसकी इतनी-सी बात पर खींचकर तमाचा देता। और सोचने के साथ ही वह तमाचेवाला दृश्य फिर कौंध गया। किरण की असभ्यता कतई अच्छी नहीं लगी।

"सुना भई, समर !" अचानक मुझसे दिवाकर बोला, "ये कई बार मुझसे कह चुकी हैं कि तुम अपनी वाइफ़ को हमारे यहाँ क्यों नहीं लाते। अच्छा किरण जी, एक दिन इनकी दावत रखो, तब लाएँगे ये भाभीजी को।"

मैं बड़े धर्म-संकट में पड़ गया। किरण मेरी ओर उत्सुकता से देख रही थी कि मैं दिवाकर की बात का क्या जवाब देता हूँ। जल्दी से कुछ हकलाकर बोला, "वह...वह तो अपने घर है। इस बार आएगी तो ज़रूर मिलवाऊँगा।"

बात खत्म हो गई। लेकिन हृदय का जो भाग, मेरे अनजाने ही, बर्फ की ठंडी सतहों के नीचे भी गरम बच रह गया था, वहाँ से एक ठंडी साँस उठी—काश, मैं भी अपनी पत्नी को इसी तरह लेकर सिनेमा जाता ! और मुझे याद आया, सिनेमा

में दोनों कैसे पास-पास सिर सटाए आपस में पिक्चर के बारे में बातें कर रहे थे। साथ ही सिनेमा के कई दृश्य भी भीतर फुरहरी पैदा करके चले गए। फिर भी इस 'पत्नी' शब्द के अर्थ में किसी भी तरह से प्रभा आती है, या इस प्रकार उठनेवाली आकांक्षाओं में कहीं उसका भी निवास है, यह मैं मानने को तैयार नहीं था। प्रभा को तो निश्चय ही मैं इस क्षेत्र से बाहर का प्राणी समझ चुका था। मानो, जो भी मेरी पत्नी होगी, वह कहीं और किसी दूसरे के वश में है। वह प्रभा है ही नहीं।

दिवाकर की जिद्द के कारण खाना वहीं खाया। लौटा तो मेरे साथ फिर वही पुराना पाँच घंटे पहलेवाला समर भी आया था। जिस घुटन और ऊब को छोड़कर भाग गया था, वह ताज़ा हो आई। मानो अभी तक किसी स्वप्नलोक में भटकता रहा था और अब वास्तविक धरातल पर लौट आया हूँ। पता नहीं, फिर इस कांड ने क्या रूप लिया !

हम और भाईसाहब भीतर गए तो देखा कि सिर झुकाए ही सामने प्रभा अपराधिनी की मुद्रा में खड़ी है और बाबूजी दुर्वासा का रूप धारण किए हाथ ऊँचे उठा-उठाकर गरज रहे हैं। अम्मा भी उसमें कभी-कभी अपना सहयोग दे देती हैं। हाथी की सूँड़-सा घूँघट निकाले भाभी किवाड़ के पीछे छिपी खड़ी हैं।

"और कोई जगह दाल बीनने की रह ही नहीं गई ?" बाबूजी ने हमें देखा तो सारे किस्से को नए सिरे से दुहरा दिया, "दाल छत पर ही बिनेगी! ऐसे ही उस दिन छत पर बाल्टी ले जाकर सिर धोया गया ! उस दिन तो चुप हो गया, मुन्नी ने सिफारिश कर दी। बस, अब तो खाना-सोना सभी छत पर होने लगा, क्यों ? हमेशा गूँगी की तरह मनहूस-सी घूमती रहेगी, आँखें चुराती रहेगी। कुछ दिमाग ही समझ में नहीं आते साहबज़ादी के ! वहाँ छत पर तेरा क्या रखा है, हमें भी तो बता ! मैं आज साफ़-साफ़ कह देता हूँ, मुझे ये बातें ज़रा भी पसन्द नहीं हैं। कान खोलकर सुन लो। जाड़े के दिन हैं, बीस आदमी छत पर धूप खाने का बहाना करके ताक-झाँक करते हैं। बहू के कायदे से रहो।"

"सबसे बचकर अकेली अगर छत पर नहीं बैठी रहे, तो पड़ोसियों से नैना कैसे लड़ें ?" अम्मा ने हमें देखकर और भी जोश में काँटा मारा, "और भाग-भागकर छत पर जाती क्यों है ?"

प्रभा जब से सिर झुकाए बिना कुछ बोले सुन रही थी, इस बात से एकदम झटककर उसका सिर उठ गया। उसने एक बार तीखी निगाहों से अम्मा की ओर देखा और धीरे से फिर सिर झुका लिया। शायद आँखों से दो आँसू भी गिरे।

''हाँ...हाँ, ठीक तो है। पांडेजी की लड़की की तरह भाग न जाए किसी के साथ।'' खूब नाराज़ हो चुकने के बाद सिर झुकाकर बाबूजी सोचते-से बैठक में जाते-जाते बोले।

''कौन पांडेजी ?'' अम्मा ने चौंककर पूछा, ''यही अपने मुहल्ले के ? कौन-सी लड़की भाग गई उनकी ? बड़ी वाली ! कर भी तो कैसी हथिनी-सी रखी थी !'' उन्होंने फिर अपने दोनों हाथ माथे पर मारे, ''हाय राम, क्या ज़माना आ गया है ? धरम-करम तो उठ ही गया।'' बाबूजी के जाते ही उन्होंने भैया से पूछा, ''क्यों रे धीरज, किसके साथ भाग गई ?''

''अरे और किसके साथ भागी होगी ? वही होगा मास्टर जो पढ़ाने आता था !'' भाईसाहब बोले, ''अब बाहर जाकर पता लगाऊँगा।''

''हाय, कैसा पाप आ गया है ! देखते-देखते सब कर लेवें हैं, किसी को कानों-कान पता नहीं चलने दें। कहाँ जाएगी ये धरती, प्रभो !'' अम्मा ने मुख पर अत्यन्त कातर भाव लाकर कहा।

भाईसाहब भी मुड़कर बाहर की ओर चलने लगे। घूँघट उठाते हुए भाभी बाहर निकल आईं और अम्मा के पास आकर बोलीं, ''ये पढ़ी-लिखी लड़कियाँ जो न कर लें सो थोड़ा है, अम्माजी !''

अचानक अम्मा को मूल विषय याद आ गया। बोलीं, ''अरे, हमारी तरफ़ से दुनिया भाड़ में जाए, लेकिन ये भाग-भागकर ऊपर क्यों जाती है ? इसका वहाँ कौन बैठा है ?'' फिर मेरी ओर देखा। ''खबरदार जो आज से उधर पैर रखा, मुझसे बुरा कोई न होगा।''

भाभी ने अपनी बच्ची अम्मा की गोद में प्यार से देते हुए कहा, ''लो अम्माजी, तुम क्यों अपना खून जलाओ।''

मैं भी मुड़कर चल दिया कि पीछे से अम्मा की वाणी सुनी, ''खून नहीं जलाऊँ तो क्या करूँ ? इन्हीं लक्खनों के मारे खसम देखता तक नहीं और बहूरानी को चढ़ी है जवानी। लड़का बिचारा सूख-सूखकर लकड़ी हुआ जा रहा है। कुछ उसका रोग ही समझ में नहीं आता। अच्छी आफत गले पड़ी है। मरती भी तो नहीं है कि पाप कटे। गरम दूध मरा न निगलने का न उगलने का। ज़िन्दगी खराब हुई जा रही है लड़के की। मरे तो मैं तो कल लड़के की दूसरी शादी कर दूँ...'' और अम्मा का स्वर गीला हो आया।

मैं बाहर चौक में आकर सीढ़ियाँ चढ़ता हुआ कोठरी की तरफ जाने लगा। यहाँ तो एक न एक झगड़े रोज़ लगे ही रहते हैं। कहाँ-कहाँ तक ध्यान दिया जाए। लेकिन तब भी चलते समय जो कुछ मुन्नी ने कहा था वह अब भी गूँजे

जा रहा था। शब्दों का अर्थ समझ में नहीं आता था, लेकिन बेचैनी भीतर महसूस होती थी।

और फिर मैं सिनेमा चला गया। डरते-डरते-से एक बार किवाड़ खटखटा चुकने के बाद भी यही बेचैनी फिर भीतर से उमड़ने लगी। इसी से छूटने के लिए तो मैं निकलकर दिवाकर के यहाँ चला गया। अब तक भूले रहा। अब सारा दृश्य आँखों के आगे साकार हो गया। खैरियत यही हुई कि किवाड़ खोलनेवाला अमर था, वरना मैं तो हर डाँट के लिए तैयार था। उसने कहा, ''भैया, तुम चले कहाँ गए थे ? सारे घरवाले नाराज़ थे। सभी को फिकर हो गई थी कि जाने कहाँ चले गए ?'' मैंने धीरे-से पूछा, ''अब तो सब सो गए...?'' उसने 'हाँ' कहा और मैं चुपचाप सीढ़ियाँ चढ़कर अपनी कोठरी में जा पहुँचा। डर था कि मेरा खाना ढका रखा होगा। देखा, खाना नहीं था। सन्तोष की साँस ली। कपड़े उतारने लगा।

मार्च का महीना समाप्ति पर था और ठंड बहुत कम हो गई थी। हम लोग किवाड़ खोलकर भीतर ही सोया करते थे। समय साढ़े ग्यारह या पौने बारह का रहा होगा। बाहर एकादशी की चाँदनी भरपूर खिली थी... कोहरे के मेल से धुँधली और अधिक गाढ़ी हो गई लगती थी। मुझे प्यास लगी थी। चारों तरफ़ देखा, पानी कहीं भी नहीं था। आज यह बात क्या है—न खाना, न पानी। प्रभा तो अपना काम कभी भूलती नहीं है। हो सकता है, याद न रहा हो। एक बार इच्छा हुई टालो, लेकिन फिर आवश्यकता ने माँग की। ऊपर पानी छत के दूसरे सिरे पर दीवार में निकले हुए पत्थर पर ज़रा-सी आड़ में रखा रहता था। वहाँ तक जाने का आलस्य था।

उठकर बाहर आया। ओस काफ़ी पड़ रही थी। पानी की ओर जाते हुए अचानक मैं बुरी तरह चौंक गया; सामने दीवार से लगा कोई बैठा था—सफ़ेद-सफ़ेद। दिल धक् से रह गया। हे भगवान्, कौन है यह ? भूत-प्रेत से लेकर चोर-डाकुओं तक सबकी कल्पना दिमाग में घूम गई। हिम्मत बटोरकर ज़रा गौर से देखा। दो कदम और आगे बढ़ा। प्रभा थी। जहाँ उसे पहचान लेने का सन्तोष हुआ, वहीं अथाह आश्चर्य भी हुआ। यहाँ रात के बारह बजे इस भयंकर ओस और अकेले में बैठी यह क्या कर रही है ! जब यह विश्वास हो गया कि प्रभा ही है, तो मैं स्थिर पगों से बढ़ता हुआ पानी की ओर चला गया। रास्ते-भर यह सवाल दिमाग में टकराता रहा कि आखिर यह यहाँ इस समय क्यों बैठी है ? क्षण-भर को सोचा, शायद वहाँ बैठे-बैठे सो तो नहीं गई। लेकिन जब पास से गुजरते हुए लौटा तो सिसकियों से लगा कि रो रही है।

पानी पीकर उसे ध्यान से देखता हुआ चुपचाप लौट तो आया, लेकिन बिस्तर

पर लेटे-लेटे करवटें बदलता रहा। रह-रहकर कोई पूछता, आखिर, रात के बारह बजे, यों अकेले में बैठी यह रो क्यों रही है ? रोने की कोई और जगह नहीं मिली ? अरे, लेटे-लेटे ही रो लेती। बाहर, और वो भी आधी रात में ? मगर आश्चर्य यह है कि बड़ी-बड़ी बातें हुई हैं, न तो किसी ने बताया कि वह रोई थी और न मैंने ही रोते देखा। हमेशा चुप और मनहूस उसे ज़रूर पाया है। मगर आज क्या हो गया ?

लेकिन मुझे इस सबमें सिर खपाने की क्या ज़रूरत ? जैसे ही यह विचार दिमाग में आया कि भीतर की गहराई से कोई धिक्कार उठा—छिः, नीचता की भी कोई सीमा होती है ! और फिर न जाने क्या-क्या उल्टी-सीधी बातें दिमाग में आती रहीं। सिनेमा में बारूद से पहाड़ उड़ाने का दृश्य देखा। वह मन में अब अनजाने ही एकदम साफ़ होकर उभर आया। ऐसा लगा जैसे भीतर कहीं बम गिर गया है, और आस-पास के सारे मकान ढह गए हैं। घायल, भीत, घबराए स्त्री-पुरुष चीख-चीखकर भीषण कोलाहल मचाते इधर-उधर भागे चले जा रहे हैं—और यह शोर इतना घना और ऊँचा है कि किसी की एक भी बात साफ़ सुनाई नहीं देती। सुनाई दे रहा है केवल एक कोलाहल, एक समवेत कोलाहल, एक अन्ध कोलाहल, जो फटनेवाले बम की तरह दिमाग में चक्कर खाए चला जा रहा है। बड़ी देर में इस कोलाहल में दो-एक आवाज़ें, मुझे लगा जैसे मैं साफ़ सुन रहा हूँ। जैसे किसी शहतीर के नीचे दबी मुन्नी चिल्ला-चिल्लाकर कह रही है—'भैया, भाभी से बोलो।' दूसरी आवाज़ अपनी थी जो किसी घुटी जगह से आ रही थी, 'नहीं, अभी तो वह अपने घर है। जब आएगी तो ज़रूर मिलाऊँगा।' और इस कोलाहल के पार कहीं ऊँचाई पर लटके भारी गुरु-गम्भीर घंटे की तरह; यह आवाज़ मन में लगातार, बिना रुके गूँज रही है कि बाहर ओस में, रात के बारह बजे एकांत में बैठा कोई रो रहा है। हर बार लगता जैसे यह आवाज़ बम फटने पर धूल के फव्वारे की तरह उछलती है और प्रश्नवाचक चिह्न के रूप में बदल जाती है। लेकिन इस धमाके से सारे मस्तिष्क के ज्ञान-तंतुओं पर एक भारी घन-सा पड़ता है और रग-रग झन्ना उठती है। और इस सबको भूलकर एकाध बार मैंने सो जाने का प्रयत्न भी किया; लेकिन लगा जैसे मेरी छाती पर भारी मकड़े की तरह कोई अपने पंजे गड़ाए जमा बैठा है और जब तक मैं उसे हटाकर दूर नहीं फेंक दूँ, सो नहीं सकता, हरगिज़ नहीं सो सकता। मैं न जाने कब तक इस द्वंद्व और उद्वेलन की तूफ़ानी लहरों पर झूलता रहा—कभी तंद्रिल अवस्था में और कभी खूब सचेत, जागते हुए।

और जब नहीं रहा गया तो फिर धीरे-से उठा। उठने के साथ ही मेरा

आत्म-सम्मान भूत की तरह मेरे सामने रास्ता रोककर खड़ा हो गया। एक बार ठिठका, लेकिन मंत्र-विद्ध की तरह मैंने उसे अपने रास्ते से क्रूरतापूर्वक एक तरफ़ हटाया और बाहर निकल आया। बड़ी झिझक लग रही थी, सीधे उसके पास जाने की हिम्मत नहीं पड़ी। फिर सीधा पानी की तरफ़ चला गया। चाँदनी अभी भी वैसी ही चटकीली थी। ओस अब भी वैसी ही पड़ रही थी। और प्रभा अभी भी वैसी ही बैठी रो रही थी। धड़कते हृदय को जैसे ज़ोर से किसी ने भींच दिया। घंटा-भर तो हो ही गया होगा, अब भी बैठी रो रही है। बिना प्यास के भी थोड़ा-सा पानी पिया, फिर धीरे-धीरे लौटा। प्रभा के सामने आकर थोड़ी देर ठिठका आशा कर ही रहा था कि वह चौंकेगी या मुझे देखकर सँभलेगी लेकिन जैसे वहाँ कोई खड़ा ही न हो, इस तरह बेखबर बनी वह यों ही बैठी रही, रोती रही—चुप, न हिली, न डुली। अब मेरी समझ में ही न आया कि क्या करूँ ! खाँसकर अपने आने की सूचना दूँ ? और जब कुछ भी नहीं सूझा तो मैं धीरे-धीरे लौट आया। लेकिन कदमों ने उठने से मानो इनकार कर दिया हो। मानो घुटनों-घुटनों दलदल में पाँव फँस गए हों और बड़ी कठिनाई से एक-एक पाँव निकालकर मैं चल रहा हूँ। या जैसे कोई पीछे खींचे चला जा रहा है। आखिर मैं फिर मुड़ा और अब बिलकुल उसके सामने आ खड़ा हुआ। वह यों ही बैठी रही, मानो किसी ने पत्थर की बना दी हो। थोड़ी देर यों ही देखता रहा फिर बड़ी मुश्किल से फँसे गले से फटती आवाज़ निकली, "आधी रात को यहाँ बैठकर क्या कर रही हो ?"

उसने सिर उठाकर ऊपर इस बार मेरी ओर देखा, मानो ज़िन्दगी में मुझे पहली बार देखा हो, और फिर एकदम धोती के आँचल में मुँह छिपा लिया। चाँदनी में उसकी आँखों में आँसू बिजली की तरह चमककर छिप गए। रुलाई का वेग दुगुना हो गया। मैं कुछ देर और खड़ा रहा। अब मुझे अपनी उपस्थिति वहाँ बिलकुल व्यर्थ, अनावश्यक और अपमानजनक लगने लगी। फिर कड़वे, मगर इस बार सधे स्वर में कहा, "सुबह रो लीजिए न, ओस में तबीयत खराब हो जाएगी। अब रात काफ़ी हो गई है।" बात तो मैं किसी न किसी प्रकार कह गया, लेकिन उस क्षण मुझे लगा कि सोचने और कहने में कितना अन्तर है ! इतनी-सी बात कहने में ही न जाने क्यों मेरा गला भर्रा आया। भीतर कुछ पिघलने लगा और छाती में गोला-सा आकर अटक गया। मैंने घूँट भरा।

"आपको क्या है ? आप जाकर सोइए न !" इस बार पल्ला हटाकर उसने सिर उठाया और जैसे तड़पकर कहा, "एक साल से कभी आपको चिन्ता हुई कि मरती है या जीती है ? ऐसी क्या खास ज़रूरत आ पड़ी अब ! आप जाकर सोइए न।" उसने सीधी मेरी आँखों में देखकर कहा—आँखों में आँसू खौल रहे थे।

और वह निगाह जैसे मेरे अणु-अणु को भेदती चली गई। जैसे मेरी शक्ति के सारे सागर को उस तीखी-अगस्ती निगाह ने एकबारगी ही पी लिया। ऊपर से नीचे तक मेरे शरीर की शक्ति मानो किसी ने मंत्र के ज़ोर से खींचकर बाहर निकाल ली। निःशक्त और टूटा हुआ मैं वर्षों के बीमार की तरह धम् से उसके सामने वहीं धरती पर बैठ गया। अपने काँपते और बेजान हाथों को निहायत डरते-डरते उसके कंधे पर रखकर भर्राए और खंडित स्वर में कहा, "प्रभा, तुम मुझसे नाराज़ हो...?" साथ ही मुझे आश्चर्य हो रहा था कि यह कौन मेरे भीतर से बोल रहा है।

इससे पहले कि मैं आगे कुछ कहूँ, उसने एकदम दोनों हाथ बढ़ाकर मेरे कंधे पकड़ लिए और सारी ताकत से, न जाने किस उन्मत्त आवेश में उन्हें झँझोड़ती हुई बोली, "मुझे बताओ, मैंने तुम्हारा क्या बिगाड़ा है ? क्या कसूर किया है मैंने तुम्हारा ? मैं तुम्हारे लायक नहीं हूँ, मैं तुम्हें पसन्द नहीं हूँ तो अपने हाथों से मेरा गला घोंट दो, मैं चूँ नहीं करूँगी, तुम शौक से दूसरी शादी कर लो, लेकिन मुझे...लेकिन मुझे बताओ तो सही..." और दुर्निवार रुलाई के भीषण उफान में उसके शरीर का रोआँ-रोआँ मानो पिघलकर फूट पड़ना चाहने लगा। अपने को भूलकर वह मेरे कंधे पर झूल गई, मुझसे लिपट गई। रुलाई जैसे उसके मुँह से निकल नहीं रही थी, और कोड़ा पड़ने पर भी पीड़ा की तड़पती मरोड़ की तरह उसका सारा शरीर सिसकियों के झटकों में पत्ती की तरह थर्रा उठता था। हिचकी उठती और वह ऊपर से नीचे तक ऐंठन से थरथरा जाती। मुझे खुद भी होश नहीं था कि मैं कब उससे भी प्रबल वेग से रोने लगा। इतने दिनों का दबा लावा अब फटे ज्वालामुखी की तरह फूट-फूटकर बाहर आ रहा था। उस निस्पंद और संवेदनाहीन पत्थर के नीचे से मानो कोई ग्लेशियर उछल पड़ा था और बर्फ-जैसे जमे पड़े हृदय की एक-एक चट्टान गल-गलकर आँसुओं के फव्वारों के रूप में निकली पड़ रही थी। एक-दूसरे से बुरी तरह लिपटे हम दोनों रो रहे थे—बेहोश, बेसुध।

जब भी इस बात का ध्यान आता कि एक निरीह बेकसूर किसी की लाड़-प्यार से पाली गई इकलौती लड़की को लाकर मैंने क्या-क्या अत्याचार नहीं किए, कौन-कौन से कहर उस पर नहीं तोड़े, उसे कितनी-कितनी यातनाएँ नहीं दीं, और उसका यहाँ था ही कौन जिससे अपना दुखड़ा रोती, तो हज़ारों बरछे जैसे एक साथ ही छाती में आ लगते और रुलाई दुगुनी-चौगुनी होकर उमड़ने लगती। उस बेचारी के पास धीरे-धीरे घुलने के सिवा चारा ही क्या था ? उस क्षण तो ऐसा लगा जैसे आँसू सिसकी, तड़प किसी में भी ऐसी शक्ति नहीं है, कि हृदय के

इस पश्चात्ताप और मन की इस बेचैनी को, इस छटपटाहट और मर्मांतक पीड़ा को बाहर निकालकर ला सके। बस, एक जोश उठ रहा था कि खूब गला फाड़-फाड़कर पागलों की तरह दोनों हाथ ऊपर उठाए सारे शहर की सड़कों पर भागता फिरूँ... और तब तक भागता रहूँ जब तक कि बेहोश होकर न गिर जाऊँ। शायद तभी जी कुछ हलका होगा।

कभी एक पल को भी मैंने यह महसूस करने की कोशिश की कि उसके भी जान है ? इसे भी कोई चीज़ दुख या सुख पहुँचाती है ? इसकी भी कुछ अभिलाषाएँ और आकांक्षाएँ हैं ?—कभी नहीं ! कभी नहीं ! कभी एक बार मेरे मन में नहीं आया कि वह आखिर यहाँ किसके आधार और किसके बूते पर नौकरों की तरह रात-दिन खटती है ? वह हमारी खरीदी हुई गुलाम तो नहीं है। उस दिन जिस हाथ से मैंने उसके गाल पर चाँटा मारा था, उसी को आवेश में अपनी कँपकँपाती उँगलियों से सहलाते हुए मुझे लगा जैसे आज भी वहाँ पाँचों उँगलियाँ उभरी हैं। और आज भी वह जगह दहक रही है। सचमुच उस बेहोश पागलपन में भी मैंने चाँदनी की ओर उसकी कनपटी घुमाकर देखने की कोशिश की कि क्या सचमुच वहाँ उँगलियों के निशान अब भी बने हैं ? मन होता था कि अभी छज्जे से कूदकर आत्महत्या कर डालूँ। अपने किए का प्रायश्चित क्या किसी भी रूप में नहीं हो सकता ? ऐसा क्या कुछ भी नहीं है जो पिछले किए हुए को पोंछ दे ? लेकिन अपनी दोनों बाँहों से उसने मेरी गरदन जकड़ रखी थी और मेरी दोनों भुजाएँ उसे बाँधे थीं।

न जाने कब तक हम दोनों इसी तरह रोते रहे। मुँह से बात निकलने की फुरसत ही नहीं मिलती थी। ज़रा-सी देर रुक जाते और फिर नए आवेश से रोने लगते। मुझे ऐसा लगा, जैसे काफ़ी समय तक उसे अपना होश ही नहीं रहा। जब मैं उसके अचेतप्राय शरीर को अपनी बाँहों में भरकर कोठरी में लाया तो ऐसा लगा मानो किसी जलते मकान के बीच से, कड़ियों और दीवारों के ढेर के नीचे से निकालकर उसे ला रहा हूँ और जगह-जगह से मेरा शरीर झुलस गया है, कपड़े जल गए हैं।

चाँदनी छिप गई थी और आसमान साँवला हो गया था।

सारी रात हम एक पल को भी नहीं सो सके, एक शब्द भी आपस में नहीं बोल पाए, एक क्षण भी एक-दूसरे को नहीं देख पाए, मानो पूरे साल का गुबार आज ही निकल जाना चाहता था। ज़रा-सा अलग होकर देखते और फिर दुगुने वेग से चिपक जाते।

काँव-काँव ! कहीं कौवे बोलने लगे...

सुबह किसी के जागने से पहले ही वह उठकर बाहर चली गई। जाते हुए दूसरी ओर मुँह करके सिर्फ़ इतना कहा, "हमें एक पोस्टकार्ड दे दीजिए, मैं बहुत दिनों से माँ को लिखना चाह रही थी–पैसे नहीं थे।" और धोती के पल्ले से आँखें पोंछती वह चली गई। उस समय फिर मेरी इच्छा हुई कि दीवार से अपना सिर दे मारूँ।

हाय, रोशनी में हम एक-दूसरे का मुँह कैसे देखेंगे ?

बाहर किरणों की धारियाँ आड़ी-तिरछी बुनाई की तरह छा गई थीं...

पटकथा

1. दिन : बाहर का बरामदा

दरवाज़ा आम की बन्दनवार, केले के तने और झाड़ियों से सजा हुआ है। द्वार के दोनों तरफ दो औरतें मंगल कलश लिए खड़ी हैं—बारात आती है—एक आदमी बारात पर गुलाब जल छिड़कता है। समर (21 वर्ष, दूल्हा) शेरवानी पहने है, दरवाज़े तक आकर लकड़ी की चौकी पर खड़ा होता है। औरतें दुल्हन, प्रभा (18 वर्ष) को लाती हैं। उसके हाथ में वरमाला है। वह हाथ उठाकर समर को माला पहनाती है—

एक स्त्री : ज़रा झुकिए।

दूसरी स्त्री : अरे अब तो झुकना पड़ेगा ही। *(हँसी)*

समर अपना सिर झुकाता है। प्रभा माला पहनाती है। इस समय सारी आवाज़ें गायब हो जाती हैं। समर प्रभा को माला पहना रहा है। बातचीत सुनाई देती है—

: मुबारक हो समर ! सुना शादी कर रहे हो।

: अरे इतनी जल्दी क्या पड़ी थी ?

: पढ़ाई तो ख़त्म कर लेता।

: अरे चले कहाँ ? सुनो तो सही।

2. कॉलेज का फ टक

छात्र झुंडों में बाहर आ रहे हैं—समर साइकिल चलाता उनके पास से निकल जाता है। एक बार साइकिल सवार समर पर शॉट फ्रीज़ हो जाता है—आवाज़ें :

1. गुरुजी तो कह रहे थे बड़ा होकर समर कुछ कर दिखाएगा।
2. इसने तो अभी कर दिखाया। *(हँसी)*
3. क्या डींग मारता था क्लास में। मैं यह करूँगा, वह

करूँगा। मेरा तो आदर्श नेताजी हैं।

4. अरे सब ऐसे ही कहते रहते हैं। अपने दिवाकर को ही देखो न। क्या था ? अब शादी के बाद सारे आदर्श ठंडे हो गए। छुट्टी हुई और सीधे घर।
5. इनका भी यही हाल होनेवाला है। *(हँसी)*

3. रात : विवाह मंडप

समर का क्लोज़अप। पंडितजी की तीखी आवाज–
समर की प्रतिक्रिया–

पंडित : लाइए अपना हाथ दीजिए–

पंडित : कोई कुआँ बावड़ी धर्मशाला, जो कुछ भी कहीं बनवाऊँगा तुम्हारी राय और मशविरे से ही बनवाऊँगा...*(कैमरा पीछे हटता है)*

सामने कुर्ता-धोती पहने समर प्रभा के साथ दिखाई देता है। पंडित लड़की का हाथ मंत्र उच्चारित करते हुए समर के हाथ पर रखता है–धीरे-धीरे पंडित की आवाज ग़ायब हो जाती है और समर की माँ की आवाज़ सुनाई देने लगती है

–बेटा, अब तो इस घर में बहू आनी ही चाहिए।–बड़े की बारात गए आठ साल हो गए–अब मेरे हाथ-पाँव नहीं चलते...छोटी बहू आ जाए तो मुझे फुरसत मिले...

4. दिन : आँगन

समर हाथों में किताब लिए, टहलता हुआ, उत्तेजित चिल्ला रहा है। माँ और मुन्नी मौजूद हैं।

समर : नहीं अम्मा, नहीं...मुझे शादी नहीं करनी। अभी तो मेरी पढ़ाई भी नहीं खत्म हुई और शादी के बाद कोई खाक कुछ कर पाएगा ? मुझे अपना फ यूचर देखना है।

4 A. दिन : बैठक

समर के पिता अधिकार के साथ कहते हैं—

: फ यूचर देखता है। साहबज़ादे अंग्रेजी बोल रहे हैं। तुम्हारी ही तोफ यूचर है ? घर का तो कोई फ यूचर है ही नहीं...मालूम है मुन्नी की शादी का कर्ज़ा अभी तक ढो रहा हूँ...कहाँ से आएगा यह रुपया... कभी सोचा है ? *(समर चुप खड़ा है।)*

4 B. दिन : रसोई

भाभी रोटियाँ बना रही है।

भाभी : पढ़ी-लिखी लड़की है। लालाजी, मैट्रिक पास। अपने यहाँ सात पीढ़ी से कोई पढ़ी-लिखी बहू आई ही नहीं। प्यार की बातें अंग्रेजी में कर लिया करना।

समर खाना खा रहा है।

समर : तुम्हें तो प्यार सूझ रहा है। चाहे कोई ज़िन्दगी में कुछ कर पाए या नहीं। बस जोत दो उसे गृहस्थी में।

5. रात : विवाह मंडप

समर का बड़ा क्लोज़अप—कैमरा पीछे हटता है। वह फेरे ले रहा है। अब कैमरा प्रभा का क्लोज़अप लेता है। वह फेरे लगा रही है। आम शोर। धीरे-धीरे तालियों की ज़ोरदार आवाज़ देर तक सुनाई देती रहती है। प्रभा के पायलवाले पाँव चलते हुए दिखाई देते हैं।

6. दिन : एक बैठक चल रही है

पेड़ के नीचे नौजवान लड़कों से घिरा हुआ एक लीडर। लड़के बैठे हुए हैं। लीडर हाथ उठाता है, तालियों की आवाज़ रुक जाती है।

लीडर : आज इसीलिए देश को साहसी और कर्मठ युवकों की ज़रूरत है। आज के युवक ही कल के कर्णधार होंगे। याद रखो, तुममें

से हर एक को कुछ बनना है...आज भी तुममें हजारों भगवान बुद्ध, महावीर स्वामी, भगवान राम हैं...

समर पर आकस्मिक कट। समर लीडर के वेश में लड़कों को सम्बोधित कर रहा है।

समर : हाँ, हमारी ही शक्तियाँ आज विवेकानन्द, भगत सिंह और नेताजी को पैदा कर सकती हैं और इसके लिए हमें कुछ करना है—कुछ बनना है और इस 'कुछ' बनने के लिए हमें शपथ लेनी होगी।

7. दिन : क्लास रूम

समर और प्रभा दूल्हा-दुल्हन के वेश में क्लास रूम में बैठे हैं। समर के सामने एक किताब खुली है।

समर का भाषण चल रहा है—

: कि हमें कुछ कर दिखाना है। हमारे सामने बहुत बाधाएँ आएँगी—इन्हीं बाधाओं और मुसीबतों को कुचलकर हमें आगे बढ़ना है।

कैमरा दूसरे छात्रों को शामिल करने के लिए पीछे हटता है। छात्र उपहासपूर्वक तालियाँ बजा रहे हैं—

– श्री और श्रीमती समर—क्या जोड़ी है !!

– हमारे नेता, पथ प्रदर्शक

– ये, यह करेंगे देश का नाम रोशन—

(तालियाँ और हँसी)

—अभी से पालतू बन गए।

7 A. एक कमरा

नवदम्पती मित्रों से घिरे बैठे हैं।

8. दिन या रात

एक सड़क, स्लो मोशन में समर दौड़ रहा है। पृष्ठभूमि में बैंड बाजे के साथ एक बारात गुज़र रही है। उसका हल्का

संगीत भी सुनाई दे रहा है।

समर की अपनी आवाज़—

भागो समर, भागो...इस जंजाल से दूर भागो...यह मायाजाल है...तुम्हें कुछ बनना है समर...कुछ करके दिखाना है...शादी करके कोई कुछ नहीं कर सकता समर, कुछ नहीं कर सकता।

9. दिन, प्रवेश द्वार : समर का घर

एक बारात रुकती है। समर और प्रभा एक सजी हुई कार में हैं। वे नीचे उतरते हैं। माँ, भाभी, मुन्नी तथा और लोग उनका स्वागत करते हैं—जैसे ही वे दरवाज़े में प्रवेश करते हैं, मुन्नी उनका रास्ता रोकती है—सारे समय बधावा गाया जा रहा है। समर कुछ कहता है—मुन्नी इनकार में सर हिलाती है—फिर मुन्नी हँस पड़ती है।

10. दिन : आँगन

एक बड़ा बरतन जिसमें बड़ी मात्रा में पानी आ सकता है। पानी में दूध डाला गया है।

भाभी : लो यह हो गया, लाओ लाला जी, अँगूठी।

भाभी समर की अँगुली से अँगूठी उतारती है। पास में प्रभा, मुन्नी तथा और स्त्रियाँ हैं।

भाभी : देखें कौन पहले अँगूठी निकालता है—

भाभी पानी और दूध को हिलाती हैं और अँगूठी उसमें डाल देती हैं।

भाभी : चलो हो गया। मुन्नी बोली लगा। तीन पर ढूँढ़ना।

मुन्नी : एक। दो। तीन।

प्रभा पानी में अपना हाथ डालती है—मुन्नी जबर्दस्ती समर का हाथ पानी में ले जाती है—प्रभा अँगूठी निकालती है। स्त्रियाँ हँसतीं, ताली बजाती हैं।

भाभी : हार गए तुम लालाजी, *(हँसती हैं)* अब बीवी के हाथों में हो।

कैमरा बदलकर समर का चेहरा दिखाता है।

10 A. दिन : बाग का रास्ता

समर : इन बातों में क्या रखा है ? दिवाकर, मेरा भविष्य मेरे हाथों में है...बस ज़रा-सा अपने आपको साध लूँ, फिर चाहे तलवार की धार पर चला दो मुझे...

समर और दिवाकर चल रहे हैं।

11. रात : सड़क

एक झोपड़ी या कमरे से आग बाहर आ रही है—अफरा-तफरी मची है। लोग दरवाज़े को पीट रहे हैं—दरवाज़ा गिर जाता है और धुआँ कमरे के बाहर निकलता है—एक आदमी धुएँ में घुसता है और बाहर आ जाता है।

: साँवल की बहू ने मिट्टी का तेल डालकर खुदकुशी कर ली है।

कोई चीखता है—रोने की आवाज़—कुछ लोग बाल्टी से पानी डाल रहे हैं—कैमरा घूमता और झुकता है—प्रभा खिड़की के पास खड़ी वह दर्दनाक दृश्य देख रही है— कैमरा उस पर केन्द्रित है।

12. रात : समर के कमरे के बाहर

भाभी, मुन्नी, समर और कुछ खिलखिलाती औरतें—सभी उत्साहित हैं।

भाभी : जल्दी मत करना लालाजी...

एक स्त्री : सुबह पूछेंगे...

समर बेचैनी महसूस करता है।

भाभी : तुम तो दुल्हन की तरह शरमा रहे हो।

(हँसी) एक स्त्री समर के कान में कुछ कहती है फिर हँस पड़ती है। मुन्नी उसको बचाती है—

मुन्नी : चलो रहने दो, भैया, अब जाओ अन्दर।

मुन्नी समर को कमरे में धकेलकर दरवाज़ा बन्द कर देती है—औरतें अन्दर झाँकने के लिए दरवाज़े में इधर-उधर कोई

सेंध तलाश कर रही हैं।

स्त्रियाँ : चलो सामनेवाले मकान में चलते हैं, उनकी खिड़की से अन्दर की खिड़की नज़र आती है–अब जाने भी दो–अरे वाह, जाने कैसे दें !

13. समर का कमरा

समर घबराया-सा कमरे के अन्दर खड़ा है, दरवाज़े के बिलकुल पास, वह खोया-सा दिखाई देता है–प्रार्थना की आवाज़ सुनाई देती है–

: वह शक्ति हमें दो दया-निधे कर्तव्य मार्ग पर डट जावें।

प्रभा खिड़की के सहारे खड़ी बाहर देख रही है। बीच में एक बिस्तर है जिस पर दो तकिए रखे हैं–टेबिल फैन की खड़खड़ाहट अनिष्टसूचक है...समर घबराहट के साथ बिस्तर की ओर जाता है–धीरे-धीरे वह बिस्तर पर बैठ जाता है (उसकी पीठ प्रभा की तरफ है)–वह अपने माथे और गर्दन का पसीना पोंछता है–वह भावशून्य दिखलाई देता है।

[कैमरा दूसरी ओर घूमता है]

'सरस्वती चन्द्र' का सचमुच का दृश्य जहाँ दुल्हन के वेश में नूतन रमेशदेव के चरणों पर गिरती है, दुल्हन दूल्हा से कह रही है–

: मैं आपकी दासी हूँ...

रमेश मुस्कराता हुआ नूतन को पकड़ता है

[कैमरा दूसरी ओर घूमता है]

हाथ दुल्हन को उठाते हैं–समर ने प्रभा को उठा लिया है–वह मुस्कराता हुआ लजाती प्रभा को देख रहा है।

[कैमरा दूसरी ओर घूमता है]

समर बिस्तर पर बैठा है–प्रभा दूर खिड़की के पास खड़ी अभी भी बाहर ताक रही है। समर अपने जूते उतारता है–समर बिस्तर पर अधलेटा दीवार पर सिर टिकाए है–वह फिर भावशून्य दृष्टि से खड़खड़ाते पंखे की ओर देखता है।

टेबिल और फैन के शॉट के साथ यह शब्द सुनाई देते हैं—

: नारी अँधकार है, नारी मोह है, नारी माया है...

समर को फिर पसीना आ जाता है।

13 A. दिन : सड़क-बाग

समर और दिवाकर साथ-साथ चल रहे हैं।

दिवाकर : यार, पहले मैंने सोचा, कहाँ फँस गया, लेकिन लगता है इस मामले में मैं बहुत भाग्यवान हूँ। जब से किरण आई है, बस, यहाँ तो चैन की छनती है। अरे गुरु, ऊपर से अगर पढ़ी-लिखी बीवी मिल जाए तो कहने ही क्या हैं ! बस—सर कढ़ाई में !

13 B. समर का कमरा

प्रभा की पीठ—वह अभी भी खिड़की के पास खड़ी है—कैमरा पीछे हटता है—समर अधलेटा दिखाई देता है—उसका चेहरा तना है—वह सीधा होकर दीवार के सहारे बैठ जाता है—अपनी पीठ के पीछे लगे तकिए को झटके से किनारे करता है—वह लगभग हाँफ रहा है—पंखे के खड़खड़ाने की आवाज बुलन्दी पर पहुँच जाती है। कैमरा कमरे के सभी कोणों को विकृत कर देता है—समर के तमतमाए चेहरे पर केन्द्रित होता है—प्रभा को छूता हुआ निकल जाता है—बिजली के पंखे का घूमना—हिलता हुआ बल्ब—निम्नलिखित शब्द समर के कानों से टकरा रहे हैं।

—मैं यहाँ क्यों आया ! न बोला, न स्वागत ! क्या यह मेरा अपमान नहीं है ? खड़ी है ढीठ की तरह खिड़की पर। यही शिक्षा है इनकी ! मैट्रिक पास। समझती हैं, दूसरे लड़कों की तरह मैं इन्हें मनाऊँगा, खुशामद करूँगा ? हुँह...बदतमीज़ !!

समर अचानक उठ खड़ा हुआ—प्रभा मुड़कर देखती है। समर हड़बड़ी में जूते पहनता है और फिर उन्हें गुस्से से खींचता है—धोती ढीली पड़ जाती है, वह उसे ठीक कर

लेता है और तेजी से कमरे के बाहर निकल जाता है। प्रभा आश्चर्यचकित दिखलाई देती है—खुला दरवाज़ा।

14. रात : छत

समर तेजी से छत पर आता है—वह जल्दी चलकर छत के किनारे पहुँच जाता है—कुछ पल खड़ा रहता है—और कूदता है...

समर किनारे पर खड़ा है, वह मुड़ता है, चलकर छत के बीच में आ जाता है और नंगी ज़मीन पर लेट जाता है—उसकी आँखें डबडबा रही हैं—वह आसमान की ओर देखता है—असंख्य तारों की ओर देखता है।

[डिज़ाल्व]

15. सुबह : सीढ़ियाँ

भाभी जीने से दौड़ती हुई उतर रही हैं...

16. सुबह : टट्टर

भाभी तेजी से टट्टर पर चलती हैं—शॉट नीचे से

17. सुबह : गलियारा

भाभी तेजी से गलियारे से जा रही हैं (खंभे पीछे छूट रहे हैं) वह मुन्नी से, जो अचानक कमरे के बाहर आ गई है, टकराते-टकराते बचती हैं।

भाभी : बीबीजी, लालाजी तो छत पर सो रहे हैं।

मुन्नी की प्रतिक्रिया—जल्दी से कैमरा उस पर केन्द्रित...

शॉट—जल्दी-जल्दी एक के बाद एक

(क) टट्टर (जाल)

(ख) गलियारा

(ग) पूजा करती माँ—चकित

(घ) बड़ा भाई

(ङ) रसोई

(च) समर—अपना सर पकड़े है—सो रहा है—विचारमग्न है।

(छ) प्रभा किताब पढ़ रही है, भाभी कुछ पल के लिए चकित-सी खड़ी है फिर चलकर प्रभा के पास आती है।

इन शॉट्स के साथ आवाज़ें—

—लगता है रात दोनों में झगड़ा हो गया...अलग-अलग सोए...लड़की की तबियत तो ठीक है...

19. दिन : बैठकखाना

एक बड़ी उमर के आदमी का क्लोज़—समर का पिता—वह एक बीड़ी सुलगाता है—एक कश खींचकर धुआँ उड़ाता है—कैमरा पीछे हटता है—वह एक दीवान पर खड़ा है...

पिता : क्या बात है, बहू तुझे पसन्द नहीं आई ?

समर एक मुड़े के पीछे चुपचाप खड़ा दिखाई देता है। वह उसे एक हाथ से पकड़े है और दूसरे हाथ की लकीरें देख रहा है। पिता कुछ काग़ज उठाकर देखता है और कहता है (धुआँ छोड़ते हुए)—

सुनते हैं, तू उससे बोला तक नहीं।

समर नीचे देखता रहता है—(कैमरा) उसके उपर...

पिता : कुछ बोलेगा या नहीं ?

समर ऊपर देखता है—अपने होंठ खोलता है—पर कुछ कह नहीं पाता—वह फिर नीचे देखता है। पिता अखबार अलग रख देता है और समर को देखते हुए—समर से कहता है—

पिता : कोई घर आता है तो ऐसा व्यवहार करते हैं ? क्या कहेगी वह घर जाकर ?

[वह खड़ा हो जाता है।]

पिता : ठीक है, तुम्हारी शादी करने की इच्छा नहीं थी। लेकिन अब तो शादी-शुदा हो। यह लड़कपन कब तक चलेगा ? जो हो

जाता है उसे निभाना पड़ता है। यह भी तो सोचो वह बेचारी परायी लड़की किसके बूते पर आई है। अब बड़े हो गए हो। समझे !

पिता मुड़कर कहता है—

अब खड़े क्या हो, जाओ।

20. दिन : छत

समर : लेकिन इसमें मेरी क्या ग़लती है। मैंने तो कहा था मत करो मेरी शादी—यह मेरे बनने का समय है...शादी के बाद क्या कोई ख़ाक बनेगा...

भाभी : तुम्हारी तो शादी न हुई लगता है दुनिया भर का बोझ तुम्हारे ऊपर आ गया है।

समर : बोझ नहीं तो और क्या है ? खैर...ऐसी रुकावटें तो आती ही रहती हैं...मैं कोई परवाह थोड़े ही करता हूँ...

भाभी : बनो मत लालाजी, दीखता तो सभी को है, सुबह से मुँह लटकाए घूम रहे हो...

भाभी शैतानी के साथ मुस्कराते हुए कहती है।

भाभी : पहली रात नहीं बनी तो क्या हुआ ! अभी और भी रातें हैं।

समर : भाभी तुम्हें उसकी तरफ से और हिमायत करने की ज़रूरत नहीं है। यहाँ घमंड तो सगे-सगे से नहीं सह सकते...चाहे कोई कितना ही खूबसूरत या मैट्रिक पास हो।

भाभी : *(अपनी आवाज़ धीमी करती है)* खैर...लालाजी, यह बात तो हमें भी खटकी...हाथ में हमेशा घड़ी—जब देखो चप्पल चटकाकर घूम रही है घर में। ऊपर से अपनी पढ़ाई-लिखाई और खूबसूरती का गुमान है। मुझसे पूछो तो कोई ऐसी परी-ज़ादी भी नहीं है—यों अपनी उमर पर खूबसूरत कौन नहीं होता—हम नहीं थे !

समर : वाकई खूबसूरत होती तो न जाने दिमाग कहाँ होता...

भाभी : हमें तो बात करने लायक ही नहीं समझती...बस किताबें ले आई है घर से, और कुछ तो लाई नहीं...।

भाभी अपनी 'बेलचूड़ी' का पेंच ठीक करती है।

समर : कहता था मुझे इस कुएँ में मत डालो—पर तब तो तुम्हें भी ज़िद चढ़ी थी भाभी। जैसे भी हो इसके गले में भी फाँसी का फन्दा क्यों न पड़ जाए...

भाभी : ज़रा धीरे बोलो लालाजी, नहीं तो कोई ज़रा से में समझेगा कि मैं ही तुम्हें उल्टा-सीधा सिखा रही हूँ...

समर : सिखाने की क्या बात है, क्या मैं नहीं समझता।

भाभी खड़ी हो जाती है या थोड़ा हटती है और ज़ोर से बोलती है।

भाभी : खैर छोड़ो, आओ...खाना खा लो।

समर : मुझे भूख नहीं है, तुम लोग खाओ—

भाभी : अब चलो भी। तुम भी ज़रा-सी बातों में सर खपाया करते हो। सब ठीक हो जाएगा। मैं समझा दूँगी उसे...जल्दी खा लो। फोटो खींचनेवाला आता ही होगा। कुछ अच्छे कपड़े पहन लेना—प्रभा के साथ हमारा पहला फोटो है।

समर : मुझे नहीं खिंचवानी तस्वीर।

भाभी : अब चलो भी, गुस्सा थूक दो—यह तो होता ही रहता है, आओ।

21. दिन : आँगन

अमर, (समर का छोटा भाई) बाहर से आता है—मुन्नी आधे रास्ते भागते हुए उससे मिलने आती है।

मुन्नी : ले आए टिकट ?

अमर : हाँ...

अमर दो टिकट बाहर निकालता है। मुन्नी टिकट लेकर बहुत खुश होती है—वह भाग जाती है।

21 A.

: आओ जल्दी तैयार हो जाओ, फोटू के बाद सिनेमा जाना है।

22. दिन : छत

मुन्नी दौड़कर छत पर आती है। अमर पीछे आ रहा है।

मुन्नी : भैया जल्दी खाना-वाना खा लो। तीन बजे के शो में सिनेमा जाना है।

भाभी : कौन-सा सिनेमा ?

समर : सिनेमा-विनेमा तुम लोग जाओ। मुझे नहीं जाना।

भाभी : अब तो बहुत हो गया। बरसों हो गए, हमने भी कोई सिनेमा नहीं देखा...

मुन्नी : लेकिन भाभी, वो तीन बजे गीतों में पूनो मौसी आ रही हैं। हम कैसे जा पाएँगे...भैया और छोटी भाभी ही चले जाएँ।

भाभी को बुरा लगता है।

भाभी : हाँ, हाँ लालाजी, तुम दोनों देख आओ...शायद बात बन जाए...

(वह हँसती है)

समर : मैं नही जाऊँगा।

मुन्नी : अब तो टिकटें भी आ गई हैं भैया...

समर : अमर को भेज दो।

अमर : हाँ, मुन्नी जीजी।

मुन्नी : तू चुप रह।...*(समर से)* भैया।

भाभी : अरे लालाजी, मान भी जाते हैं...प्रभा क्या काट खाएगी ?

(आवाज) अरे बहू।

भाभी : मैं जाती हूँ। इसे भी तैयार होने दो—फोटोग्राफर आनेवाला है।

मुन्नी : नहीं-नहीं भैया, तुम्हें और भाभी को जाना ही पड़ेगा।

समर : क्यों तुम सब पीछे पड़े हो ?

(मिक्स)

23. दिन : सड़क पर

समर प्रभा से बहुत आगे चल रहा है—लगभग दस गज—प्रभा पीछे आ रही है—समर को कोई परवाह नहीं है...

24. दिन : सिनेमाघर

समर सिनेमाघर के पास पहुँचता है—वह रुककर पीछे मुड़कर देखता है।

प्रभा चलकर उसके पास आती है।

दिवाकर (या कोई और मित्र) वहाँ आता है।

मित्र : अरे समर, सुना शादी कर ली है, यार बताया तक नहीं।

समर कुछ नहीं बोलता है, मुस्कराने की कोशिश करता है।

मित्र : पिक्चर जा रहे हो क्या ?

समर : *(उसको अच्छा नहीं लग रहा है)* नहीं...यों ही...मैं...

इस समय प्रभा उसके पास आकर रुककर खड़ी हो जाती है—

मित्र : यह कौन है ? तुम्हारी श्रीमती जी।

प्रभा सिनेमाघर की ओर देखती है।

मित्र : क्या बहन है ?

समर : *(बहुत बेचैन है)* अ...नहीं...हाँ...हाँ...अच्छा चलता हूँ।

समर चल देता है।

25. दिन : एक सड़क

ताँगा चल रहा है—अप्रसन्न समर ताँगेवाले के साथ बैठा है।

पीछे प्रभा कोने पर चिपकी बैठी है। प्रभा का क्लोज़—उसकी आँखों में आँसू भरे हैं।

26. शाम : समर का कमरा

दरवाज़े पर पर्दा टँगा है।

भाभी पान चबाती हुई कमरे में आती है।

भाभी : कहो लालाजी, कुछ बात बनी ?

समर चुप रहता है। वह अपने जूतों के बटन खोलता है।

ढोलक के गाने सुनाई दे रहे हैं।

भाभी : *(कहती रहती है)* जब हम पहली बार सिनेमा गए तब तुम्हारे भैया तो...

समर : भाभी मुझे अब आराम करने दो...थक गया हूँ।

भाभी : अरे शाम से ही थक गए, अभी तो रात पड़ी है। *(हँसती है)* खैर, आराम करो, मैं जाती हूँ।

समर अपनी कमीज़ और जूते उतारता है।

भाभी : *(कुछ सोचते हुए)* मैं तो यह कहने आई थी कि कल दिन को खाना खासतौर से प्रभा बना रही है। तुम्हारे भाई साहब तो कहते अघाते नहीं कि खाना क्या बनाती है अमरित बनाती है।

समर : उन्हें कैसे पता चला ?

भाभी : जब देखने गए तभी खा आए होंगे। तारीफ के मारे घर भरे दे रहे हैं। कल तुम भी देख लेना।

27. दिन : रसोई

एक थाली सजाई जा रही है। तीन सब्जियाँ हैं, एक कटोरी दाल है, एक कटोरी रायता है, पापड़ और चटनी। प्रभा अब दो रोटियाँ रखती है। समर तना हुआ बैठा है—पानी का एक ग्लास उसके सामने है। भाभी और माँ भी रसोई में हैं। मुन्नी दौड़ती हुई आती है।

मुन्नी : भाभी चलो जल्दी, सब आ गए हैं।

ढोलक के गाने चल रहे हैं।

भाभी : अभी आती हूँ, जरा लालाजी को खा लेने दो।

प्रभा का एक काँपता हुआ हाथ थाली समर की ओर खिसकाता है—भाभी मदद करती है और थाली समर के सामने रख देती है।

भाभी : लो लालाजी—सब प्रभा ने बनाया है।

समर भोजन का एक अंश भगवान को अर्पित करता है। फिर वह रोटी तोड़कर दाल में डुबोता है। भाभी देख रही है। समर खाना मुँह में रखता है—मुँह बनाता है और उसे थूक देता है। प्रभा आश्चर्य से समर की ओर देखती है।

भाभी खींस निकालती है—हल्की-सी मुस्कराहट।

माँ : *(पूछती है)*—क्या हुआ ?

समर : हुआ मेरा सर, दाल कड़वी ज़हर बना रखी है, मुझे नहीं खाना यह छप्पन भोग।

मुन्नी प्रतिक्रिया दिखाती है। समर रोटी का एक टुकड़ा तोड़कर माथे से लगाता है, उठकर रसोई के बाहर चला जाता है। मुन्नी समर की ओर देखती है।

प्रभा : *(जैसे अपने आपसे)*—दाल तो मैंने चख ली थी...

ढोलक के गीतों के स्वर ऊँचे हो जाते हैं।

28. दिन : आँगन

ढोलक के गीत जोरों से चल रहे हैं, तमाम औरतें हैं, भाभी आती है, पीछे-पीछे मुन्नी आती है।

भाभी : बड़ी चली थी रिस्टवाच पहनकर खाना बनाने—बोलो, घड़ी का तुम चूल्हे में क्या करोगी ? उल्टी साड़ी पहनकर, चप्पल पहनकर घूमेगी घर में।

भाभी गाने में शामिल होने के लिए बैठ जाती है, मुन्नी अलग सरक जाती है।

29. रात : समर का कमरा

समर चारपाई पर बैठकर पंखे को देख रहा है। मुन्नी पास खड़ी है और कहती है।

मुन्नी : ऐसा तो होता ही रहता है भैया...जिसके साथ सात भाँवरें डालकर लाए हो उसे तो निभाना ही पड़ेगा...आखिर वह बेचारी करे भी क्या ?...कुसूर उसका हो भी, तो भैया ऐसे मौकों पर माफ कर देना ही ठीक है।

समर पंखे की तरफ देखता रहता है।

दो दिन बाद विदा है, उसके भाई उसको लेने आएँगे। क्या कहेगी घर जाकर ?

भाभी पान चबाती एक नौकर के साथ कमरे में आती है।

भाभी : *(नौकर से)* यह रहा, ले चल।

नौकर टेबिल फैन के प्लग को निकालकर तार समेटता है।

मुन्नी : भाभी, तुम ठहरो मैं पहुँचा देती हूँ।

मुन्नी और नौकर चले जाते हैं।

भाभी : कहा, दो दिन और रहने दो बिजली का पंखा तो कहने लगे घर में बीमार हैं, पंखे की ज़रूरत है, कल तक सब ठीक थे, आज सब बीमार पड़ गए।

समर : बिजली का पंखा दिखाने की ज़रूरत ही क्या थी ? उनसे कहो यह बिजली का कनेक्शन भी ले जाएँ। इसे भी भेजो...

भाभी : अब तुम्हें तो हर चीज़ से चिढ होने लगी।

समर : देखो, मुझे यहाँ सोने देना चाहो तो सोने दो, नहीं तो मैं दिवाकर या किसी और दोस्त के यहाँ जाकर पड़ रहूँगा।

भाभी : लालाजी ! तुम्हें जब ज़िद चढ़ जाती है तो किसी की नहीं मानते। अब यह भी कोई बात हुई ? कभी-कभी तो बड़ों का भी कहना माना करो।

29. A. रात : समर का कमरा

समर : एक कहा मानकर तो यह सुख पाया। और क्या भुगतना पड़ेगा।

प्रभा दरवाज़े के पास आकर खड़ी हो जाती है—उसके हाथ में दूध का एक ग्लास है। भाभी उठ जाती है और चलते-चलते उससे कहती है...

भाभी : अरे तुम क्यों लाईं ? कोई और नहीं था ? यह मुन्नी बीबीजी भी गज़ब करती हैं। नई बहू को दो दिन तो बैठने दिया होता। यहाँ तक लाई हो तो दे दो जाकर। शरम काहे की ?

पीछे से मुन्नी की आवाज : भाभी, अम्मा बुला रही हैं। सुबह के लिए दाल कितनी भीगेगी।

भाभी : *(जोर से)* अभी आई।

भाभी अर्थपूर्ण ढंग से समर की ओर मुस्कराती है और

कमरे के बाहर आ जाती है—जाते-जाते प्रभा से कहती है :

भाभी : तुम्हीं छोटी बन जाओ। माफी माँग लो, आखिर पति ही तो हैं।

भाभी प्रभा की रिस्टवाच, चप्पल पर एक नज़र मारती है और चली जाती है...

समर प्रभा को एक ग्लास दूध लिए दरवाज़े पर खड़ा देख सकता है—उसकी साड़ी लहरा रही है...समर जलते हुए बल्ब को देखता है...

प्रभा : *(समर के पास आती है)* मुझे माफ कर दीजिए, यह दूध पी लीजिए।

समर मुस्कराता है और दूध का ग्लास लेकर पी लेता है। बल्ब हिलता है... !!

प्रभा अभी भी दूध का ग्लास लिए दरवाज़े पर खड़ी है। पसीने की बूँदें समर के माथे पर आ जाती हैं। वह एक रूमाल से उसे पोछता है—थोड़ी देर बैठा रहता है फिर उठ जाता है—गुस्से से प्रभा को बिना देखे उसके पास से निकल जाता है...

प्रभा चकित होकर उसकी तरफ देखती है और फटी आवाज़ में कहती है...

प्रभा : सुनिए...

लेकिन समर निकल जाता है...प्रभा ग्लास को पकड़े खड़ी रहती है।

30. रात : छत

समर नंगी ज़मीन पर लेटा है—वह शून्यभाव से आसमान को ताकता है—तारों से चमकता काला आसमान...

31. दिन : घर का प्रवेश द्वार

अमर एक छोटा सन्दूक लेकर बाहर आता है पीछे एक बड़ी उम्र का आदमी है—अमर इन्तजार करते ताँगे पर

सन्दूक रखता है—वह घर के अन्दर चला जाता है—बड़ी उम्र का आदमी ताँगे के पास जाता है—प्रभा भाभी और मुन्नी के साथ बाहर आती है, कुछ और स्त्रियाँ भी वहाँ हैं। प्रभा माँ के (सास के) पाँव छूती है।

माँ : जीती रहो बहू, सँभलकर जाना। पहुँचते ही खबर देना।

प्रभा मुन्नी को गले लगाती है फिर भाभी को—प्रभा ताँगे के अन्दर बैठ जाती है—बड़ी उम्र का आदमी सबको नमस्ते करके प्रभा के साथ बैठ जाता है—

माँ : बेटा सँभालकर ले जाना, अमर जा तू स्टेशन तक पहुँचा दे।

अमर कूदकर ताँगेवाले के पास बैठ जाता है...ताँगा चल देता है...भाभी, मुन्नी पीछे ओझल होते दिखाई देते हैं...

32. दिन : समर का कमरा

समर खिड़की से ताँगे को ओझल होते देखता है—वह एक शेल्फ की तरफ मुड़ता है—अपनी किताबें निकालता है और उन्हें झाड़ता है—यहाँ उसे औरतों की हेयरपिन मिलती है (यह प्रभा की है) वह उसे एक कोने में फेंक देता है...

33. दिन : बैठकखाना

पिता बैठा एक बिल पढ़ रहा है—वह गुस्से में दिखता है. ..

पिता : इतने रुपए कैसे हो गए ?

एक आदमी : बाबूजी, सब हिसाब से लगाया है फिर, जानो ब्याह-शादी में खर्चा तो होते ही हैं।

पिता : अच्छी शादी कराई साले साहब ने...हम तो कहीं के नहीं रहे।

भाभी लम्बा घूँघट निकाले कमरे में आती है और एक थैला पिता को देती है—वह बैग को देखता है और खड़ा हो जाता है...समर का बड़ा भाई भी एक तौलिए से अपने पीछे के बाल

और गर्दन पोंछता हुआ कमरे में आता है...

पिता बिल को दीवान की चादर पर रख देता है और कहता है...

पिता : *(आदमी से)* अगले महीने ले जाना पैसे।

आदमी चला जाता है। पिता थैला उठाता है।

माँ : सब्जी फिर ख़त्म हो गई।

भाभी अपने पति को कुछ बताती है...

आदमी थोड़ी देर खड़ा होकर न चाहते हुए भी चला जाता है...

बड़ा भाई : वह समर की भाभी के कड़े सुना छोटी बहू पहन गई।

पिता : कड़े पहन गई ? समर ने कहा नहीं कुछ। *(चिल्लाते हैं)* अरे समर ! यह साहबज़ादे पता नहीं अपने आपको क्या तीसमार खाँ समझते हैं—बीवी से नहीं बोलेंगे—खुद उल्लू से घूमते फिरेंगे...घर को होटल समझ रखा है, बिलकुल हड्डे तो हम ही पेलते हैं ज़िन्दगी-भर।

पिता कुरता पहनना शुरू करते हैं।

पिता : क्या बात है ? क्यों खड़े हो मेरे सर पर ! क्या चाहिए ?

वह कुछ कहना चाहता है, पर कुछ नहीं कहता।

34. रात : समर का कमरा

एक किताब खुली है—समर पेट के बल लेटा उसे पढ़ रहा है—भाभी फर्श पर बैठी सुपारी काट रही है...

भाभी : देखते जाओ लालाजी, सब ढंग पर आ जाएगी। औरत को तो जब तक दबाकर नहीं रखा जाता, हाथ नहीं आती। हमारे बाबा कहा करते थे, औरत तो लकड़ी का बन्दर है, इतना भी मुँह न लगाएँ कि आगा-पीछा कुछ दिखाई न दे *(सुपारी मुँह में डालती है)* हमें तो लालाजी तुम भरी नींद में उठा दो, बिना देखे सारा मिर्च मसाला डाल देंगे। अब इसमें क्या फायदा कि किताबें तो तुमने लाखों पढ़ लीं, आने को, नाम ख़ाक-धूल नहीं।

समर करवट बदलता है—वह दूसरी किताब खोलता है।

भाभी : *(बात जारी रखती है)* हमारी बड़ी भाभी भी ऐसी ही आई थीं, किसी को कुछ समझती ही नहीं थीं। सो भैया ठहरे मर्द—दो दिन में सारा नज़ला झाड़ दिया। वो तो किसी-किसी की आदत ही होवे है लालाजी, बिना कुटे-पिटे रास्ते पर ही न चल सके। अब भाभी बिलकुल ठीक है। भैया की आँखों में गुस्सा देखा नहीं कि पत्ते की तरह यों काँप जावे।

समर : भाभी अब मुझे पढ़ लेने दो, बहुत दिनों से किताबें छूँईं नहीं।

समर किताबें पढ़ने के लिए तैयार हो जाता है...

भाभी : हाँ-हाँ लालाजी—पढ़ लो, पढ़ना तो मर्दों का ही काम है। यह क्या बात हुई कि...

समर भौं सिकोड़ता है, देखता—भाभी मुस्कराती हैं, एक पान मुँह में रखती है।

35. दिन : क्लासरूम

खुली किताब—समर अपने क्लासरूम में बैठा है—वह खोया हुआ-सा लगता है—प्रोफेसर को लेक्चर देते हुए दिखाने के लिए कैमरा पीछे हटता है—समर का क्लोज़ फिर से—प्रोफेसर की आवाज़ आ रही है—अचानक कुछ क्षण के लिए वह शान्त हो जाती है—वह फिर सुनाई देती है—शान्ति—प्रोफेसर के कुछ असम्बन्धित शब्द—फिर शान्ति—जब प्रोफेसर बोल रहा होता है तब तमाम कौवों की काँव-काँव सुनाई देती है...

36. दिन : पुल के ऊपर

धुआँ उड़ाती एक रेलगाड़ी जा रही है—समर बिना किसी मतलब रेल की एक दूसरे को काटती पटरियों को देख रहा है—नीचे एक रेलगाड़ी जा रही है...

37. रात : समर का कमरा

खुली किताब—लालटेन—समर पीठ के बल लेटा छत ताक

रहा है—किचन में प्रभा का फ्लैश—समर ताकता रहता है—सिनेमाघर के पास खड़ी प्रभा का दूसरा फ्लैश—समर पेट के बल लेट जाता है और पढ़ने की कोशिश करता है. ..

38. दिन : कॉलेज कैंटीन

छात्र आसपास बात कर रहे हैं और हँस रहे हैं और चाय, कोकाकोला आदि पी रहे हैं। कैमरा उनके पास घूमता है...

— क्रिकेट की रनिंग कमेंट्री में जो बात है वह खेल में कहाँ !

— हड़ताल करवा देंगे तब पता चलेगा इन लोगों को।

— संजीव कुमार एक्टिंग अच्छी करता है—'अनोखी रात' में क्या काम किया है...

— अबके पेपर मुश्किल आया तो समझ लो वाक़ आउट।

— अपने हिस्टरी के प्रोफेसर को तो कुछ आता ही नहीं—पता नहीं कैसे प्रोफेसर बन गए !

कैमरा अब समर पर है। वह सबसे अलग खोया-सा बैठा है—रेडियो से गाने आ रहे हैं—समर उठकर चला जाता है।

— आजकल समर फिलोस्फर बना क्यों घूमता है ?

— शादी और बर्बादी ! *(हँसी)*

39. पिछला दृश्य

40. दिन : क्लासरूम

क्लास टीचर हाजिरी के लिए नाम पुकार रहा है—राकेश—यस सर, मोहन—यस सर, रणवीर सिंह—यस सर, समर...(मौन) क्लास टीचर सर उठाकर देखता है पुकारता है—समर...

41. दिन : बाग

दो थके हुए पाँव चल रहे हैं—साइकिल के पहिए पास से निकल जाते हैं—समर साइकिल का हैंडल पकड़े धीरे चल रहा है—प्रभा का एक फ्लैश धुँधला-सा—जयमाला पहना रही है—समर चलता चला जा रहा है—साइकिलों पर सवार उसके दूसरे दोस्त पास से निकल जाते हैं। साइकिल पर सवार दिवाकर पीछे से उसके पास आता है।

दिवाकर : वा बेटा, यहाँ घूम रहे हो।

दिवाकर साइकिल से उतरता है।

दिवाकर : कॉलेज क्यों नहीं गया ?

समर : तबीयत नहीं हुई...

दिवाकर : आजकल तू मरियल-सा क्यों घूमता-फिरता है ?

समर : नहीं तो...

दिवाकर : तेरा वाइफ से झगड़ा हो गया है क्या ?

समर : नहीं तो...

दिवाकर : कहाँ है वह ?

समर : अपने घर गई है।

दिवाकर : तभी मुँह लटकाए घूम रहा है, चल, फुटबॉल के सेमीफाइनल हो रहे हैं।

समर : नहीं दिवाकर, मुझे घर जाना है।

दिवाकर : घर में जब बीवी नहीं है तो क्या करेगा वहाँ जाकर—चल।

42. दिन : फुटबॉल का मैदान

फुटबॉल का मैच छोटे लड़के और छात्र चिल्ला रहे हैं, प्रोत्साहन दे रहे हैं—समर उदासीन भाव से देख रहा है—वह चुपचाप पलटकर चला जाता है...

43. रात : समर का कमरा

लालटेन—कुछ किताबें पड़ी हैं—एक हाथ से लालटेन उठाता है—समर कमरे के एक कोने में जाता है—वह कुछ ढूँढ़ रहा

है—वह उसे मिल जाता है—वह अपनी किताबों के पास वापस चला आता है—वह खुली किताब पर हेयरपिन रखता है—वह लकीरें खींचता है—छोटे अक्षरों में प्रभा लिखता है—हिन्दी में बड़े अक्षरों में लिखता है—फिर अचानक सब काट देता है—अपनी नोटबुक से एक पन्ना फाड़ता है और एक पत्र लिखने बैठ जाता है—वह लिखता है—प्रिय प्रभा—वह काग़ज को मसल देता है और दूसरा लेता है—केवल प्रभा लिखता है—सोचता है—उसकी अपनी आवाज़...

—मुझे क्या वह एक खत नहीं लिख सकती थी...मेरी बीवी चार दिन मेरे घर रही और मैंने एक बात तक नहीं की...क्योंकि शादी मेरी मर्जी के खिलाफ कर दी गई थी ?...छिः यह भी कोई ठोस कारण है न बोलने का...

समर पीठ के बल लेटा छत ताक रहा है...

प्रतिध्वनि : समर...तुम गधे हो...बेवकूफ हो...

44. दिन : रसोई

मुन्नी खाना परोस रही है—थाली बढ़ाते हुए मुन्नी पूछती है—

मुन्नी : भैया, तुम भाभी से ज़रा भी नहीं बोले ?

समर उसके चेहरे को देखता है—उत्तर देने के पहले अपने सामने की थाली को खींचता है...

समर : नहीं।

मुन्नी : उस दिन सिनेमा में ?

समर खाना चबाता है, जब चबाना खत्म हो जाता है...

समर : पानी दे एक गिलास।

मुन्नी एक ग्लास पानी देती है, समर पीता है। मुन्नी फर्श पर कुछ चित्र बनाती समर की ओर बिना देखे पूछती है...

मुन्नी : भैया दूसरी शादी करोगे ?

समर एक कौर मुँह में रख रहा था—वह बीच में ही रुक जाता है। हाथ नीचे करके कहता है—

समर : एक शादी ही काफी नहीं है ? दूसरी किसके नाम रोएगी ?

समर कौर अन्दर लेता है—वह परेशान दिखाई देता है—मुन्नी चुप रहती है...

समर : दूसरी शादी की बात कौन कर रहा है—अम्मा ?

मुन्नी : नहीं—यूँ ही पूछ रही थी...

मुन्नी अपना हाथ ऊपर उठाकर नीचे लाती है और ऊपर से नीचे की ओर खिसकती हुई चूड़ियों को देखती है...

मुन्नी : *(बात चालू रखती है)* रात को खाने के बाद अम्मा-भाभी में कुछ इसी तरह की बातें...

समर खाना खाना बन्द कर देता है—थाली को थोड़ा अलग खिसका देता है और अचानक बोल उठता है...

समर : यही सब चलता रहा तो देखना एक दिन मैं घर छोड़कर ही चला जाऊँगा—सब अपना राग ही आलापते हैं—दूसरी शादी !!

समर पानी पीता है...

मुन्नी : भैया, एक बात बताऊँ।

समर मुन्नी की तरफ देखता है...भाभी कन्धे पर बहुत सारे भीगे कपड़े टाँगे रसोई में आती है...

भाभी : मैं भागी-भागी आई देखने, कहीं लालाजी चुपचाप बैठे तो नहीं हैं—आजकल न जाने क्या हो गया है ? बिना खाए ही उठकर चले जाते हैं।

भाभी बैठ जाती है—वह गर्भवती दिखाई देती है—वह कन्धे से कपड़ों को हटाती है और उन्हें मुन्नी की ओर बढ़ाते हुए कहती है...

भाभी : मुन्नी बीबी, कैसी अच्छी हो, ज़रा इन्हें फैला दो।

मुन्नी मुस्कराती है—कपड़े लेकर चली जाती है...समर भी उठना चाहता है लेकिन भाभी कहती है...

भाभी : अरे कहाँ चले, अभी तुमने खाया ही कहाँ है, तुम्हें मेरी क़सम लालाजी इस रोटी को तो खाते जाओ।

समर थाली खिसकाकर खाना शुरू कर देता है...

भाभी : इस बार तो अभी से जाड़ा पड़ने लगा। दीवाली के और कितने दिन हैं लालाजी ?

समर : होंगे कोई दस-पन्द्रह दिन...

भाभी अपनी उँगलियों पर गिनती है...

भाभी : इस दीवाली को पूरे चार महीने हो जाएँगे तुम्हारी शादी को...

समर की प्रतिक्रिया...भाभी एक गहरी साँस लेती और कहती है...

भाभी : तुम्हारा ब्याह भी क्या हुआ लालाजी—क्या-क्या अरमान थे, सब पर पानी फिर गया। फिर लिखा है भेजने को...

भाभी यह कहती हुई उठ खड़ी होती है...

भाभी : फिर लिखा है भेजने को...

समर : *(ऊपर देखता है) (क्लोज)* किसको ?

45. दिन : बैठकखाना (दृश्य बदलता है)

पिता : अपनी बहू को, अब लिवा लाओ उसे, बहुत दिन हो गए।

पिता बैठकर सिगरेट पी रहा है, समर एक 'मोढ़ा' दोनों हाथों से पकड़े खड़ा है...

पिता : *(बाल चालू रखते हैं)* बड़ी बहू के दिन भी पूरे हो रहे हैं, पहला बच्चा है...तुम्हारी अम्मा तो चूल्हे में सिर झोंकते-झोंकते इस हालत में आ गई है...बहुत किया उस बेचारी ने भी। घर पर एक हाथ और हो जाएगा, मदद हो जाएगी।

समर अपने पिता की ओर देखता है और साहस बटोरकर कहता है—

समर : मैं नहीं जाऊँगा, अमर को भेज दीजिए।

पिता कड़ाई से समर की ओर देखता है...

पिता : क्यों ? तुम्हारा दम निकलता है बहू का नाम सुनकर। शेरनी है न, सो खा जाएगी। अच्छी थुकावा औलाद हुई है। अपनी तीरन्दाज़ी में किसी को अपने सामने बदते ही नहीं। असल का हो तो ज़िन्दगी भर मत बोलियो।

फिर सिगरेट पीना शुरू कर देता है।

46. शाम (दिन) : छत

भाभी (गर्भवती) सूखे कपड़े लेकर जीने से नीचे उतरने वाली है (या कुछ और काम)। समर ऊपर आता है...भाभी रुक जाती है...

भाभी : लालाजी सुनो, बाबूजी अम्माजी से आज सुबह क्या कह रहे थे...मालूम है ?

समर रुककर भाभी को देखता है...

भाभी : कह रहे थे कि समर की बहू फिर आ रही है। न हो तो समर से कहो किसी वैद्य को अच्छी तरह दिखा ले, जो फीस होगी दे देंगे...

समर : क्यों, मुझे क्या हुआ है ?

भाभी मुँह पर कपड़ा ढाँककर हँसती है और कहती है—

भाभी : तो यह भी मैं बताऊँ ? (समर चल देता है...) अरे सुनो।

भाभी : *(नीचे उतरने के पहले)* आ तो रही है लालाजी लेकिन दबाकर रखना। कहे देती हूँ, क़सम से, पछताओगे नहीं तो। छोटे लालाजी चले गए हैं आज लिवाने।

दूर से आवाज : अरी बहू।

भाभी मुस्कराती हुई नीचे उतर जाती है...समर छत पर टहलता है—वह अकेला है—उसके चेहरे पर एक हल्की-सी मुस्कान है—वह छतों की कतार देखता है और फुर्ती से दूसरी छतों पर कूद जाता है, उसकी अपनी आवाज़ सुनाई देती है...मुन्नी आती है—

प्रभा आ रही है...इस बार दोनों एक-दूसरे को समझने की कोशिश करेंगे...उसे अपने विचारों के बारे में बताऊँगा...उसे समझाऊँगा...बोलूँगा...प्रभा...

मुन्नी : भैया !

...समर आसमान की तरफ देखता है—चिड़ियों का एक झुंड अपने बसेरों की तरफ लौट रहा है।

47. पिछला दृश्य

48. दिन : समर के घर की गली

अमर एक फुटबॉल के साथ घर के बाहर आता है—समर साइकिल से कॉलेज से वापस आता है...

अमर : भैया।

समर : क्या है ?

अमर : भाभी को लेकर आ गया हूँ।

समर नीचे उतरता है।

अमर : लाओ भैया, साइकिल मैं ले जाता हूँ।

समर : कहाँ हैं तेरी भाभी ?

अमर साइकिल लेता है।

समर : जल्दी आना।

अमर : उन्होंने बड़ी मुश्किल से भेजा है। भैया, भाभी के घरवाले बहुत ख़राब हैं। मैं तो साफ कहे देता हूँ आगे से नहीं जाऊँगा...

समर : क्यों पकड़कर पीट दिया क्या ?

अमर : *(मुड़कर)* अरे...उठते-बैठते जब देखो तब हम लोगों की बदनामी—भाभी ऐसी है, अम्मा वैसी है, हम लोग क्या सब—

समर : *(बीच में बोलता है)* और मैं ?

अमर : हाँ, तुम्हारी सब तारीफ करते हैं...यह बात तो है।

समर : तारीफ़ !

अमर साइकिल लेकर चलते हुए कहता है।

अमर : सिर्फ तुम्हारी नहीं, मेरी भी। मैं भी तो खूब पढ़ता हूँ।

समर अमर के पास जाकर साइकिल पकड़ लेता है...

समर : तेरी साइकिल कहाँ है ?

अमर : नीचे

समर झटके से साइकिल खींच लेता है और जल्दी से उस पर सवार होकर तुरन्त निकल जाता है...अमर देखता रह जाता है।

49.

(क) रेल की पटरियों के पुल का ट्रैकिंग शॉट...

(ख) हिवेट पार्क का ट्रैकिंग शॉट
(ग) पीछे छूटते पेड़ों का ट्रैकिंग शॉट
(घ) चमकते हुए पानी का ट्रैकिंग शॉट

50. दिन : दिवाकर का बैठकखाना

समर कमरे में घुसता है...

दिवाकर : आओ, आओ—बैठो—आज रास्ता कैसे भूल गए ?
(समर बैठ जाता है) कल का मैच कैसा रहा ?

दिवाकर : कल कहाँ, चल, देख ले फाइनल मैच—आया ही नहीं। तूने मिस किया यार। कमाल का खेल था। अपना लेफ्ट आउट भी क्या खिलाड़ी है, ऑफ टाइम से पहले ही...
यहाँ से दिवाकर की आवाज़ बन्द हो जाती है, सिर्फ उसे करता हुआ दिखाते हैं—कैमरा समर पर केन्द्रित—उसकी अपनी आवाज़ सुनाई देती है—कैमरा धीरे ट्रैक करके समर के सर पर आता है (उसका सर एफ.जी में है) दिवाकर इशारा करता हुआ हँसता दिखाई देता है...
—और कोई लड़की होती तो घर जाकर बुराई करती कि मुँह दिखाने के काबिल ही नहीं रहता—बताया होगा कि पढ़ने में लगा हुआ हूँ—इम्तहान आ रहे हैं—यही तो फर्क है एक पढ़ी-लिखी और बेपढ़ी में—अरे जरा नमक ज़्यादा हो गया तो ऐसी क्या मुसीबत आ गई...नई-नई आई थी, घबरा गई होगी...। मुझसे कोई कह दे खड़े होकर क्लास में एक पेज पढ़ दो—खड़ा-खड़ा हकलाता रहूँगा—मैं बहुत जल्दबाज हूँ—ज़रा कोई बात देखी झट अपने विचार बना डाले।
(दिवाकर देखता है कि समर ध्यान नहीं दे रहा है—वह रुक जाता है और चिल्लाता है) अबे कुछ सुन भी रहा है।

समर : हाँ-हाँ *(हँसता है)* वह, क्या कह रहा था ?

दिवाकर : क्यों बे, आज बड़ा खुश नजर आ रहा है ? क्या बात है ?...

51. शाम : बाहर

समर तेजी से साइकिल से जा रहा है—पेड़ पीछे छूट रहे हैं—एक सुन्दर आशाभरी मुस्कान उसके चेहरे पर है...

52. शाम : घर का प्रवेशद्वार

समर आता है, साइकिल को एक तरफ फेंकता है—तेजी से चला जाता है।

53. शाम : जीना

समर तेजी से जीने पर चढ़ रहा है। एक छलाँग में दो जीने चढ़ रहा है...

54. शाम : समर का कमरा

समर फटाक से कमरे का दरवाज़ा खोलता है—बहुत खुश और मुस्कराता और चिल्लाता है—प्रभा। प्रभा उसके स्वागत के लिए तेज़ी से बढ़ती है...प्रभा के चार-पाँच शॉट अलग-अलग पोशाकों और शैलियों में, समर के स्वागत के लिए बढ़ते दिखलाते हैं...

55. रात : घर का प्रवेशद्वार

समर मुस्कराता हुआ आराम से साइकिल से उतरकर घर में घुस जाता है—साइकिल को उसकी अपनी जगह रखता है—किताबें निकालता है और गम्भीर मुद्रा में अन्दर जाता है...

56. रात : आँगन

समर अन्दर आता है—मुन्नी भागकर उसके पास आती है...

मुन्नी : भैया, भाभी आ गई हैं।

समर : आ गई हैं तो मैं क्या करूँ ?

समर बिना कोई सरोकार जताए वहाँ से चला जाता है।

57. रात : समर का कमरा

समर कमरे में आता है—उसका ध्यान एक सन्दूक की तरफ जाता है—उसके ऊपर एक प्लास्टिक का बैग है—एक ट्रांजिस्टर—बिस्तर पर प्रभा की चादर है—एक किनारे उसकी चप्पलें हैं—समर किताबें शेल्फ पर रखता है—चादर उठाकर सूँघता है और दीवार पर लगी खूँटी पर टाँग देता है—वह सन्दूक के पास जाता है। ट्रांजिस्टर उठाता है—नॉब घुमाता है—अचानक संगीत बजने लगता है—समर जल्दी से नॉब घुमाता है—वह रुक जाता है। समर फौरन उसे नीचे रख देता है। वह प्लास्टिक बैग से एक मुड़ी हुई पत्रिका निकालता है—वह उसे सीधी करता है—पत्रिका 'नई कहानियाँ' हैं—वह पहला पन्ना खोलता है—एक कोने में साफ-सुथरा 'प्रभा' लिखा हुआ है—पन्ने का एक शॉट दिखाओ जिस पर 'प्रभा' के बाद 'समर' लिखा हुआ है—वह पन्ने पलटता है—पैरों की आवाज़—रुक जाती है—समर पत्रिका को नीचे रख देता है और जल्दी से दबे पाँव अपनी किताबों के शेल्फ पर पहुँच जाता है—साड़ी की सरसराहट और चूड़ियों की छनक पास आती है—समर तना हुआ एक किताब पकड़े है...

भाभी की आवाज़ : घबड़ाओ मत, मैं हूँ लालाजी।

भाभी पास आती है और समर की किताब को सीधा करती है (वह उसे उल्टा पकड़े था)।

भाभी : सुबह के गए अब आए हो, कहाँ चले गए थे ? पता नहीं, प्रभा आ गई है ?

समर ऐसे दिखाता है जैसे उसे पता नहीं...

समर : इम्तहान नज़दीक आ रहे हैं, पढ़ने चला गया था।

भाभी : वह मुझे मालूम है, उल्टी किताब लिए बैठे हो।

अब चलो...ससुराल से मिठाई आई है, खाओगे नहीं ?
भाभी मुस्कराती है, समर बेचैन है...दोनों चले जाते हैं...

58. रात : जीना

भाभी जीने से नीचे उतर रही है, समर उसके पीछे आ रहा है...समर रुकता है...

समर : भाभी।

भाभी : *(मुड़कर देखती है)* क्या हुआ ?

एक क्षण अनिश्चय के साथ खड़ा रहता है फिर कहता है...

समर : मैं बाद में खा लूँगा...अभी भूख नहीं है।

भाभी : *(मुस्कराती है)* प्रभा अम्मा के पास है। चलो अब।

भाभी मुस्कराती हुई नीचे उतरती है, समर पीछे-पीछे आता है।

59. समर का कमरा

समर पेट के बल फर्श पर लेटा हुआ है—उसकी किताबें उसके आसपास फैली हैं—वह मैथ्यू आर्नाल्ड का 'सुहराब और रुस्तम' पढ़ रहा है—अचानक वह कुछ पंक्तियाँ ज़ोर-ज़ोर से पढ़ने लगता है और फिर चुप हो जाता है—वह मुड़कर खुले दरवाज़े की तरफ देखता है और सुनने की कोशिश करता है—स्त्रियों की बातचीत हल्की-सी सुनाई दे रही है—कभी-कभी भाभी की ऊँची हँसी सुनाई देती है—समर बिना मतलब किताब के पन्ने पलट रहा है—हेयरपिन उसमें है—वह उसे अपनी आँखों के सामने लाता है, उसके साथ खेलता है—अम्मा खुले दरवाज़े से, समर—वह हरकत करता है और हेयरपिन को तुरन्त किताब में रख देता है—वह आशापूर्वक दरवाज़े की ओर देखता है—कोई दरवाज़े के पास खड़ा है—उसकी साड़ी दिखाई दे रही है—

समर पढ़ने में लीन होने का बहाना करता है—प्रभा

कमरे में आती है—समर को साड़ी की हल्की-सी सरसराहट और चूड़ियों की छनक सुनाई देती है—आवाज़ बन्द हो जाती है—समर मुड़कर चुपके से देखता है—प्रभा झुककर धीरे-से सन्दूक खोल रही है—समर के चेहरे पर एक हल्की मुस्कान आती है...वह चेहरा मोड़ लेता है...

प्रभा और समर बाग में दौड़ रहे हैं—आखिर में समर प्रभा को पकड़ लेता है और किताब छीन लेता है...प्रभा आसमान में झूला झूल रही है...समर ज़मीन पर खड़ा होकर उसे झुला रहा है...

प्रभा चलती है—उसके लाल रंग से सजे सुकुमार पैर में चाँदी की पायल है—वह कमरे के बाहर चली जाती है...

एक पल के लिए समर के चेहरे से मुस्कराहट गायब हो जाती है, लेकिन फिर वापस आ जाती है—अब उसका चेहरा सीधे दरवाज़े की तरफ है—किताब सामने लाता है—अब वह प्रभा का सामना करने को तैयार है। वह जैसे ही वापस आती है—वह कुछ आवाज़ें सुनता है—

भाभी : नहीं प्रभा, वहीं जाकर सोओ, यहाँ अभी समर के बड़े भैया आते होंगे...

कैमरा धीरे-धीरे समर पर केन्द्रित होता है—नीचे दिए गए संवादों के साथ-साथ उसके चेहरे का भाव बदलता है—प्रभा कुछ फुसफुसाती है—

भाभी : आखिर तुम वहाँ सोना क्यों नहीं चाहतीं ?

प्रभा : नहीं भाभी...

दबे स्वरों में कुछ बातचीत और भाभी की हँसी

पहले का एक दृश्य इनसर्ट करो...

समर : क्यों मुझे क्या हुआ है ?

भाभी : ये भी क्या मैं ही बताऊँ ?

भाभी अपने पल्लू से मुँह ढाँककर हँसती है...समर का क्लोज़—वह परेशान है...भाभी की आवाज...

60. रात : जीने के पास

प्रभा और भाभी–प्रभा कुछ कपड़े और चादर पकड़े है...

भाभी : ऐसा नहीं करते प्रभा, तुम नई बहू हो। अभी तो तुम्हें सारी ज़िन्दगी बितानी है। मान जाते हैं–यह सब तो होता ही रहता है।

प्रभा : *(दृढ़ता से)* जबरदस्ती कहाँ जाकर सो जाऊँ ? लिवाने तक तो आना नहीं चाहते और तुम कहती हो वहाँ चली जा...एक चिट्ठी भी नहीं डाली। उनके बोर्ड के इम्तहान हैं, मैं क्यों तंग करूँ ? कुछ हो गया तो बाद में मेरा ही नाम लेंगे।

61. रात : समर का कमरा

समर के गुस्से भरे चेहरे के साथ प्रभा के आखिरी शब्द सुनाई देते हैं...

प्रभा : कोई दुत्कारता रहे और हम पूँछ हिलाते रहें–मुझसे यह नहीं होगा।

गुस्से में भरा समर अचानक उठ बैठता है–उसके सामने 'सोहराब और रुस्तम' की खुली किताब है जिसमें प्रसिद्ध युद्ध का चित्र है–युद्ध का पूरा शॉट–रणनाद और युद्ध का शोर–यही कर्णभेदी शोर चलता रहता है जब कैमरा समर का बड़ा क्लोज लेता है–फिर बदलकर जलती हुई लालटेन पर केन्द्रित हो जाता है...

प्रभा जल्दी-जल्दी क़दम बढ़ाते कमरे में आती है–सन्दूक के पास जाती है–कुछ कपड़े निकालती है–कमरे के कोने में जाती है–चादर फैलाती है–कपड़ों का बंडल अपने सर के नीचे रखती है–एक चादर अपने ओढ़ने के लिए निकालती है और फर्श पर लेट जाती है–उसकी पीठ समर की तरफ है...

समर मुड़कर उसकी तरफ देखता है और लेट जाता है, उसकी पीठ प्रभा की तरफ है–वह भौहें सिकोड़कर लालटेन

की चिमनी की तरफ देखता है जो लगातार धुआँ निकलने के कारण काली पड़ गई है—बत्ती का सन्तुलन बिगड़ गया है, वह भयानक लग रही है—दूर से रेलवे के इंजन की और बीच-बीच में कुत्तों के भौंकने की मिश्रित आवाज़ के साथ नीचे लिखे संवाद सुनाई देते हैं—

—लेट जाओ। मेरा क्या आता-जाता है...सोचकर आई होगी कि दबाकर रखूँगी, पति पालतू कुत्ते की तरह दुम हिलाएगा...अरे, यहाँ यह भी नहीं पूछेंगे कि क्यों पड़ी हो। मर जाओगी तो उठवाकर फिकवा देंगे। बाप की तो यहाँ सहते नहीं हैं और तुम...तुम हो किस खेत की मूली !!*(डिज़ाल्व)*

62. दिन : रसोई

भाभी एक फूली हुई रोटी आग से निकालती है और समर को देते हुए कहती है...

भाभी : ना लालाजी, दूसरी बार बहू आई है, और तुम ऐसी बातें कर रहे हो...

समर : कोई पहली बार आए या दूसरी बार, जब मुझे उससे कुछ लेना-देना नहीं तो मैं क्यों सरदर्द लूँ।

भाभी दूसरी रोटी आग पर चढ़ाती है और पूछती है...

भाभी : *(धीमे से)* तुम उससे इतने नाराज क्यों हो ?

समर : एक तो मुझे शादी-वादी अभी करनी नहीं थी, जबर्दस्ती गले में यह पत्थर लटका दिया है...और फिर मुझे उसकी सूरत से नफरत है।

भाभी : मुन्नी बीबी तो हमेशा गुनगान करती हैं। अम्माजी खुश तो नहीं हैं लेकिन कहती यही हैं कि ऐसी सुन्दर बहू नहीं देखी कहीं।

समर : नहीं देखी होगी। मुझे तो ऐसी कोई ख़ास बात नहीं लगी।

भाभी : क्या कह रहे हो लालाजी, पढ़ी-लिखी है, सिलाई-कढ़ाई जानती है, बाजा भी बजा लेती है, रुपया नग़द नहीं मिला तो क्या हुआ ?...अच्छा लालाजी, न हो तो एक ड्यूटी लगा दो, सुबह जैसे ही उठे बस सामने हारमोनियम पकड़ा दो—गाया करे,

जागो मोहन प्यारे...।

भाभी अपनी मज़ाक पर खुद ही हँसती है—समर पानी पीता है—प्रभा दरवाज़े पर आती है—समर उसे देख सकता है—वह ज़ोर से कहता है...

समर : तुम तो मज़ाक कर रही हो भाभी। कुछ पढ़ाई करनी है इसीलिए अपनी अलग कोठरी साफ की और तुम अब उसमें इसको, उसको, सारी दुनिया को घुसा दोगी तो कोई पढ़ेगा क्या ?

भाभी : अब लालाजी अम्माजी से कहूँगी। मुझे तो कोई और जगह दिखाई नहीं दे रही है जहाँ तुम बैठकर पढ़ाई कर सकते हो।

समर उठ जाता है...

समर : अम्माजी से कहो या भैयाजी से। मुझे अलग जगह चाहिए, मुझे पढ़ाई करनी है। मेरी तरफ से चाहे सारी दुनिया भाड़ में जाए।

समर प्रभा के पास से निकल जाता है—कैमरा प्रभा पर रहता है जो कुछ देर बाद रसोई में न जाकर वहाँ से चली जाती है...

63. दिन : गली

समर साइकिल के साथ घर से बाहर निकलता है—वह मुड़कर ऊपर खिड़की की तरफ देखता है...

64. दिन : समर का कमरा

प्रभा खिड़की से पीछे हट जाती है—समर साइकिल पर सवार जाता दिखाई देता है—ट्रांजिस्टर बज रहा है (मितवा...) प्रभा शेल्फ के पास आती है—संकोच के साथ ट्रांजिस्टर उठाती है। सुनती है—शेल्फ पर रख देती है—एक-एक करके अपनी ज़रूरी चीज़ें उठाती है—ट्रांजिस्टर उठाती है, सोचती है—वापस रख देती है और बन्द कर

देती है और कमरे से निकल जाती है—सारे समय वह दुखी दिखाई देती है...

65. रात : समर का कमरा

दरवाज़ा खुला है—समर कमरे के अन्दर आता है—वह लालटेन की बत्ती बढ़ाता है—हर चीज़ साफ-सुथरी है—वह देखता है कि प्रभा की चीज़ें कमरे में नहीं हैं—उसकी जगह एक ढँकी थाली और एक ग्लास पानी रखा है—वह ऊपर थाली उठाकर खाने की तरफ देखता है—वह फर्श पर एक दरी बिछाता है—अपनी किताबें लाता है और पढ़ने के लिए बैठ जाता है—वह उठता है और दरवाज़ा बन्द करके कुंडी लगा देता है—अपनी पढ़ाई फिर शुरू कर देता है—किताब खोलता है—हेयरपिन मिलती है—उसकी तरफ देखता है, फिर उठ खड़ा होता है और उसे खिड़की के बाहर फेंक देता है—अब वह थाली लेकर खाना शुरू कर देता है...

65 A. जीने पर

समर और प्रभा—समर अनदेखा करके चला जाता है।

66. सुबह : रसोई

भाभी ने चाय बनाई है—समर रसोई के दरवाज़े पर आता है—

समर : लाओ भाभी, यहीं दे दो, जूते पहने हूँ...

भाभी मुश्किल से खड़ी होकर चाय समर को दे देती है।

समर : भाभी तुम बेकार में अब क्यों पिसती हो। ये समय आराम करने का है—घर में दूसरे और लोग नहीं हैं क्या ?

भाभी अपनी जगह फिर से बैठ जाती है—वह समर की तरफ देखती है—

भाभी : मुन्नी तो अब परायी है, उसके हाथ का तो अम्मा-बाबूजी

खाएँगे नहीं—रही प्रभा, सो नई बहू है...

समर : अगर खाना खाने का हक़ है तो काम करने के लिए क्या बाहर से आदमी बुलाए जाएँगे ?

समर कप को फर्श पर रखकर चला जाता है।

(डिज़ाल्व)

67. दिन : आँगन

एक नवजात शिशु के रोने की आवाज़—यह सारे दृश्य में चलता रहता है, कभी ज्यादा सुनाई देती है कभी पृष्ठभूमि में...

माँ चलते हुए यह कहती है—

माँ : लो, घर में पहले भवानी ही आई...

मुन्नी खुशी के साथ दूसरी दिशा में चलकर समर के पास आती है—

मुन्नी : भैया मुँह मीठा कराओ, सबसे बड़े चाचा बने हो।

प्रभा एक तौलिया और बड़ा गमला पकड़े हुए है, वह जल्दी से हटकर एक कमरे में चली जाती है...

68. मॉनटेज (फि   ल्म संग्रंथन)

(क) प्रभा फुँकनी फूँक रही है—चूल्हे से धुआँ बाहर आ रहा है...

(ख) प्रभा बहुत से कपड़े धो रही है—समर अपनी किताबें लिए पास से निकल जाता है।

(ग प्रभा एक बाल्टी-भर पानी ले जा रही है—माँ बैठी है—प्रभा को देखती है—पर अपना माला जपती रहती है...

(घ) प्रभा कटोरी भर दवा भाभी को देती है जो नवजात शिशु के साथ लेटी हुई है...

(ङ) प्रभा गेहूँ साफ कर रही है—मुन्नी चलनी लेकर उसके बगल में बैठी है...

(च) प्रभा कपड़े सिल रही है—मसाला कूटती है...

(छ) प्रभा पिता को खाना दे रही है—माँ आती है और प्रभा के सिर पर पल्लू रखती है...

मॉनटेज में बच्चे के रोने की आवाज़ और अन्य आवाज़ें जैसे माँ का उपदेश, ट्रांजिस्टर की आवाज़...

69. दिन : रसोई

एक भगोना आग पर चढ़ा है—उबलकर बाहर गिर रहा है—प्रभा भागकर रसोई में आती है, भगोने को चूल्हे से हटाती है (या उसमें पानी डालती है)—अमर रसोई में आता है और बैठ जाता है—

अमर : भाभी, जल्दी, देर हो रही है।

अमर बैठा है। प्रभा एक थाली लगाती है और उसे अमर को दे देती है।

मुन्नी की आवाज़ : छोटी भाभी, बच्ची के नहाने का पानी ले आओ, जल्दी।

प्रभा फौरन एक बर्तन में गरम पानी लेती है और रसोई से निकल जाती है...अमर पहली रोटी खत्म कर चुका है—खाली बैठा है...पिता रसोई के दरवाज़े पर आते हैं, अमर को वह अकेला पाते हैं—

पिता : छोटी बहू कहाँ गई ...

अमर : बच्ची के नहाने का पानी लेकर गई है...

पिता : तुझे खाना देनेवाला कोई नहीं है ?

प्रभा लौटकर अन्दर आती है, उसका सिर झुका हुआ है और पिता से बच रही है—

पिता : मेरा खाना-पीना नीचे भिजवा देना, दो जनों का, एक मेहमान भी हैं।

प्रभा अपना सिर हाँ में हिलाती है—पिता कुछ क्षण रुकते हैं जैसे उन्हें कुछ कहना हो, पर चले जाते हैं—वह फिर से रोटियाँ बनाना शुरू कर देती है।

प्रभा : *(अमर से)* अभी बनाकर देती हूँ।

माँ की आवाज : अरी बहू, यह जूठन कब तक पड़ी रहेगी ?

प्रभा जल्दी से एक रोटी अमर को देती है और निकल

जाती है।

70. दिन : आँगन

प्रभा अपने सास-ससुर के पास से जल्दी से निकल जाती है। वे खड़े हैं—

पिता : देखा...फिर बेटी और बहू में फर्क ही क्या रह गया ? बेटी भी मुँह खोले घूमती है और बहू भी। पता नहीं पल्ला किधर जा रहा है...

पिता चले जाते हैं—माँ मुड़कर चल देती है...

71. दिन : नल के पास

प्रभा मिट्टी से कुछ बर्तन माँज रही है (यहाँ एक तुलसी का पेड़ रखो) माँ प्रभा के पास आती है।

माँ : सुना तूने ? जो देखे है हमारे करमों को थूकै। अब नामकरण के दिन सत्यनारायण की कथा होगी, दुनिया-भर से लोग आएँगे तब सारी बिरादरी में हमारी नाक कटवाएगी क्या ? सर पर पल्लू डालकर चलना। पता नहीं क्या सिखाया-पढ़ाया है इसे !

प्रभा कोई प्रतिक्रिया नहीं दिखलाती—अपने काम में लगी रहती है...

72. दिन : आँगन

भाभी की गोद में बैठे बच्चे को पंडित तिलक लगाता है—बड़ा भाई उसके साथ बैठा है—मुन्नी तथा और स्त्रियाँ खुशी के साथ देख रही हैं—अनुष्ठान पूरा हो गया है—पंडित अपना सामान बाँध रहा है।

एक आवाज़ : चलो भैया, सब पंक्ति में बैठ जाओ, खाना तैयार है।

पंडित श्रद्धाभाव से मिट्टी का एक टुकड़ा लेता है और उसे नल के पास तुलसी के पौधेवाले गमले में रख देता

है।

73. दिन : रसोई

बड़ी देगचियाँ तथा अन्य बड़े बर्तनों में तैयार खाना रखा है—प्रभा एक भरी देगची मुन्नी को देती है तथा अन्य लोगों को जो रसोई में आ-जा रहे हैं—खाना परोसने के कुछ खाली बर्तन भी रखे हैं—प्रभा एक को उठाती है और बाहर चली जाती है।

74. दिन : नल के पास

प्रभा बर्तन लेकर आती है, वह बैठ जाती है—तुलसी के पौधे का गमला उसके पास है, प्रभा उसमें से कुछ मिट्टी लेती है और बर्तन माँजना शुरू कर देती है...

75. दिन : आँगन

रिश्तेदार और दोस्त एक पाँत में बैठकर खाना खा रहे हैं—मुन्नी और समर परोस रहे हैं—माँ के चिल्लाने की आवाज़ से लोगों की प्रतिक्रिया—

—जब तक कुछ न कहें तो सिर पर ही चढ़ी आती है।

76. दिन : नल के पास

माँ प्रभा पर चिल्ला रही है जो सर झुकाए खड़ी है—बर्तन पकड़े है—

माँ : आग लगे ऐसी पढ़ाई में। हाय राम, पता नहीं अब क्या होगा...?

मुन्नी, भाभी तथा कुछ और लोग उस जगह आते हैं—

प्रभा : मुझे पता होता अम्माजी तो कभी नहीं करती। मैंने सोचा कोई सादा मिट्टी का ढेला है।

माँ : *(गुस्से से)* सादा मिट्टी का ढेला ! और हमारी पुरखन जवाब

दिए चली जा रही है। तूने समझा काहे को ? तेरे हिये माथे की फूट गई थी। दिखाई नहीं दिया उसमें कलावा बँधा था ? बात पर बात कहे चली आ रही है, जो एक भी बात बिना जवाब दिए छोड़ी हो। एक तो तवा ऐसा मुँह खोले डोलती फिरे, ऊपर से कैंची जैसी जबान चलावे...

इस बिन्दु पर समर घर में घुसता है, हाथ में किताबें हैं—

भाभी : बच्ची को कुछ हो गया तो इसका क्या जावेगा ? हे भगवान तू देखनेवाला है...दुनिया कुढ़-कुढ़ मर जाती है...

समर चकित है और पास में खड़ी मुन्नी से कड़ाई से पूछता है—

समर : मुन्नी क्या बात है ?

मुन्नी चुप रहती है—माँ फट पड़ती है—

माँ : आज पंडितजी ने जिन गणेशजी की पूजा की थी तुम्हारी पढ़ी-लिखी बहू ने उनसे जूठे बरतन माँज लिए...

भाभी : *(रोती है)* हे भगवान, मेरी बच्ची को देखना...

अचानक समर चलकर प्रभा तक जाता है और अपनी पूरी ताक़त के साथ उसके गाल पर चाँटा मारता है, वह लड़खड़ाती है और नीचे गिर जाती है...

समर : हरामज़ादी, यहाँ रहना है तो ठीक से रहो नहीं तो भागो यहाँ से। बड़ी नास्तिक की बच्ची बनी है।

सभी आश्चर्यचकित हैं—मुन्नी भागती है और प्रभा को पकड़ती है—मुन्नी प्रभा के हाथ से बर्तन ले लेती है—प्रभा सन्न दिखाई देती है—उसके बाल बिखर गए हैं—वह रोती नहीं है—माँ उसे पकड़े है—

माँ : बेटी, सोच-समझकर काम करते हैं।

प्रभा रोती नहीं है...

77. दिन : समर का कमरा

समर तेजी से अपने कमरे में आता है—किताबें एक तरफ फेंकता है और बिस्तर पर गिर पड़ता है। अपना मुँह तकिए में गड़ा लेता है—वह काँपता है—तकिए को ऐंठता

है—स्पष्ट रूप से वह रो रहा है—उसकी आवाज़—

यही तेरा आदर्शवाद है—यही सीखा है तूने भगवान बुद्ध और भगवान राम पढ़कर ? नीच, कायर ! स्त्री पर हाथ उठाकर तूने—यही तेरे महान बनने के सपने हैं !!! *(डिज़ाल्व)*

78. दिन : रसोई

प्रभा रसोई में है—उसके गाल पर चाँटे का स्पष्ट निशान है—उसने चाय बनाई है...

प्रभा : यह अपने भैया को दे आ—आज अभी तक नीचे नहीं आए।

मुन्नी : रख दो यहाँ, खुद आकर पी लेंगे।

प्रभा : दे आ मुन्नी...

प्रभा दुखी भाव से मुन्नी को देखती है—मुन्नी चाय का प्याला लेती है और चली जाती है...

79. दिन : समर का कमरा

मुन्नी चाय का प्याला लेकर कमरे में आती है—समर कमरे में नहीं है।

80. दिन : ऊपरी पुल

समर पुल के ऊपर से झुकता है—एक दूसरे को काटती रेल की पटरियाँ—समर खोया-सा पुल के दूर देख रहा है—चाँटे मारने का दृश्य उसके दिमाग़ में कौंधता है—तीखी सीटी बजाती हुई एक ट्रेन नीचे से जा रही है...समर वहाँ से हट जाता है...

81. दिन : बाग

एक ऊँचे छायादार पेड़ के नीचे समर एक बेंच पर सीधा लेटा हुआ है—वह खाली आँखों से पत्तियों के बीच से

आसमान की ओर ताक रहा है...

प्रभा को चाँटा मारने के बादवाला दृश्य उसकी आँखों के सामने कौंधता है...

वह उठता है और बेंच पर हाथ फैलाकर बैठ जाता है—अचानक वह उठ खड़ा होता है और चला जाता है...

समर पेड़ों के बीच से चल रहा है—चलते-चलते एक दृढ़ता का भाव उसके चेहरे पर आ जाता है...

82. दिन : दिवाकर का कमरा

समर दिवाकर के कमरे में आता है—

समर : दिवाकर, मैं कल से यहाँ आकर पढ़ाई करूँगा।

दिवाकर : ठीक है, लेकिन बात क्या है ?

समर और दिवाकर बैठे हैं...

समर : बस मैंने तय कर लिया है। इधर-उधर वक्त न बर्बाद करके सारा समय पढ़ाई में लगाना है। बहुत हो चुका।

दिवाकर : अरे कुछ फूटेगा भी।

समर : बात कुछ नहीं। घर में पढ़ाई ठीक से नहीं हो पाती। इधर इम्तहान के एक महीना भी नहीं है। मैं यहाँ आकर पढ़ाई करूँगा।

दिवाकर : क्या बात है, अपनी वाईफ से झगड़ा करके तो नहीं आ रहा है तू ?

दिवाकर हँसता है, समर हँसने की कोशिश करता है पर नाकामयाब रहता है...

दिवाकर : देख यहाँ पढ़ाई कर जब मर्ज़ी आए, लेकिन अपनी बीवी से लड़कर आएगा तो यहाँ घुसने नहीं दूँगा, कहे देता हूँ। चाय पिएगा ?

83. दिन : आँगन

प्रभा रस्सी पर गीले कपड़े फैला रही है—वह पीली दिखाई देती है—उसके बाल ढीले होकर इधर-उधर बिखरे हैं—

पृष्ठभूमि में समर नल पर अपना मुँह धोते दिखाई देता है—माँ उसके पास से निकलती पर प्रभा के पास आकर रुक जाती है...

माँ : बहू, तू घर पर चिट्ठी-विट्ठी नहीं डालती ? इनके पास तेरे बाप की चिट्ठी आई है—पूछा है, तू बीमार तो नहीं है ?

प्रभा : क्या लिखूँ अम्माजी, आप देख ही रही हैं। सब ठीक तो है।

माँ : फिर भी बिटिया, कभी-कभी डाल दिया कर दो हरफ। माँ-बाप का मन है। लिखा है, पाँच-छह ख़त लिखे हैं—तूने एक का भी जवाब नहीं दिया।

प्रभा की आँखों में आँसू आ जाते हैं—किसी तरह से जवाब देती है—

प्रभा : लिखूँगी अम्माजी।

माँ : और यह शकल क्या बना रखी है कंजड़ों-सी। जाने कब से सिर नहीं धोया है, इसे भी कभी धो लिया कर कलमुँही। पता नहीं कितनी जुएँ पड़ गई होंगी। खाने में जाती होंगी।

समर प्रभा की ओर देखने से अपने को रोक नहीं पाता है—प्रभा कपड़े फैलाना खत्म कर चुकी है—वह खाली बाल्टी लेकर चल देती है—समर आईने में अपने को देखता है—वह कायर आदमी को देखता है जिसने अपनी पत्नी को पीटा है...

84. दिन : रसोई

प्रभा रोटी बना रही है—वह एक थाली लगाती है और समर की तरफ बढ़ा देती है—समर थाली लेता है—वह खाना शुरू कर देता है—वह दाल के लिए कटोरी बढ़ाता है—एक आवाज़ करता है—प्रभा उसमें दाल डालती है—वह और रोटियाँ बनाती है—प्रभा कुछ सब्जियाँ बढ़ाती है—समर मना करने के लिए थाली के ऊपर अपना हाथ रख देता है—प्रभा एक रोटी देती है—समर थाली खिसका लेता है—प्रभा दूध का एक बर्तन आग पर चढ़ाती है—समर के ग्लास में पानी देती है—दोनों के बीच कोई संवाद नहीं है—बीच-बीच

में समर प्रभा की ओर देखता है, किन्तु प्रभा अपने काम में व्यस्त रहती है—समर उठ खड़ा होता है—और चला जाता है—प्रभा अपने काम में व्यस्त रहती है—भाभी दौड़ती हुई रसोई में आती है...

भाभी : दूध हो गया प्रभा, बच्ची का वक्त हो गया है।

दूध उबल रहा है और वह बाहर आ जाती है—प्रभा जल्दी से उसे आँच से हटाकर नीचे रखती है, वह जमीन पर बिखर जाता है...

प्रभा : *(अपराध बोध के साथ)*—अभी दूसरा दूध कर देती हूँ।

भाभी ऊँची आवाज़ में कहती हुई चली जाती है...

भाभी : यहाँ तो खूब दूध फैलाया जा रहा है।

85. दिन : एक कमरा

माँ किसी देवता के सामने बैठी है—पूजा के बीच में वह कहती है...

माँ : फैला दिया दूध, चलो अच्छा हुआ। उनका बाप तो पूरी भैंस बँधवा गया है न।

वह अपनी पूजा फिर शुरू कर देती है और करती रहती है...

माँ : समझ में नहीं आता, हाथ-पैरों में दम भी है या नहीं ! थूथुन ऊपर उठाके काम करेगी। मस्ता रही है। अब बोलो, बच्ची बेचारी भूखी मरेगी क्या ?

माँ देवता के सामने झुकती है और उठ खड़ी होती है...

86. दिन : रसोई

प्रभा फैले हुए दूध को साफ करती है। माँ दरवाज़े पर आती है...

माँ : देखो क्या धूरे जैसी हालत बना रखी है रसोई की। चकला इधर पड़ा है, बेलन उधर लुढ़क रहा है...खाने बैठो तो उबकाई आवे...

समर अपनी किताबों के साथ दरवाज़े के पास आता है—

भाभी भी बच्चे के साथ वहाँ है—मुन्नी भी आ जाती है...

माँ : दसवाँ पढ़ी है ये, दसवाँ। आग लगे ऐसी पढ़ाई में।

प्रभा और दूध आग पर चढ़ाती है...वह बिना देखे हुए धीरे से बोलती है...

प्रभा : अनजाने में फैल गया अम्माजी, दूसरा कर तो रही हूँ।

माँ : लो, ऊपर से जबान लड़ा रही है।

भाभी : *(समर से)* देख लो, जरा-सा काम क्या करना पड़ा हल्ले करवा रही है। हम नहीं करते थे काम। कहा कुछ कभी अम्माजी से। *(प्रभा से)* मेरे काम का अहसान तो जतइयो मत बहू, जितना तूने किया है सब ब्याज समेत चुका दूँगी, हाँ, कहीं कल को कहे...।

मुन्नी सामने आ जाती है...

मुन्नी : समर नीचे जाओ धोबी आया है। तुम भी चलो भाभी, मैं दूध लाती हूँ।

माँ खड़ी है, मुन्नी उसे धकेलने की कोशिश करती है, वह हिलती नहीं है...

भाभी : रहने दो हमारा काम हम खुद कर लेंगे।

87. दिन : आँगन

बड़ा भाई चारपाई पर बैठा शीशे के सामने अपनी दाढ़ी बना रहा है—वह चिल्लाता है...

बड़ा भाई : क्या दिन-रात चख-चख होती रहती है। दिन निकला और शुरू हो गए...नौ बज रहे हैं।

88. दिन : रसोई

भाभी चली जाती है...समर चलते हुए रुक जाता है और मुन्नी से कहता है...

समर : मुन्नी मैं रात नहीं आऊँगा। इम्तहान के ये दो-चार दिन दिवाकर के यहाँ पढ़ना है और...

*प्रभा देखती है—*समर एक क्षण के लिए झिझकता है, पर

कुछ कहता नहीं है और चला जाता है...

89. दिन : आँगन

भाभी अपने पति के सामने...

भाभी : तुम बीच में क्यों चबड़-चबड़ करते हो। जो बात नहीं समझते उसमें मत बोला करो।

बड़ा भाई दाढ़ी बनाता रहता है—पृष्ठभूमि में—समर चला जाता है।

90. दिन : छत

मुन्नी प्रभा के सर पर पानी डालते हुए हँस रही है—
प्रभा—अपने बाल धो रही है—मुन्नी और पानी डालती है—

मुन्नी : भैया कल कह रहे थे तुम कितनी दुबली हो गई हो...पूछ रहे थे तबीयत तो ठीक है।

प्रभा : ला तौलिया दे।

मुन्नी : और कह रहे थे बेकार की ज्यादा मेहनत मत किया करो। वह खुद रसोई में आकर खा लिया करेंगे।

प्रभा तौलिए से अपने बाल सुखाती है...

मुन्नी : भाभी एक अच्छी पिक्चर आई है।

प्रभा : हमें कौन ले जाएगा ?

मुन्नी : ले तो गए थे एक बार, शादी के बाद।

प्रभा : हाँ, ले गए थे। ताँगे में घुमाकर ले आए।

मुन्नी : अरे, तुमने बताया भी नहीं ?

प्रभा : क्या बताती ?

मुन्नी : अच्छा, मैं पकड़ती हूँ भैया को।

मुन्नी मुँडेर तक जाकर चिल्लाती है...

मुन्नी : समर भैया, जरा ऊपर आना।

मुन्नी प्रभा के पास वापस आती है और कहती है—

भैया के इम्तहान खत्म हो गए हैं, अब कहना ही क्या है ! भैया से कहूँगी सबको सिनेमा ले चलो।

प्रभा : ऊपर क्यों बुला लिया बिना बात के।

समर ऊपर आ जाता है। मुँडेर पर बैठ जाता है।

मुन्नी : भैया हमें सिनेमा ले चलो इतवार को।

प्रभा बेचैनी महसूस करती है और नीचे चली जाती है—समर छत पर टहलता है—

समर : अभी तो देर है इतवार में।

मुन्नी : इस बार मैं भी जाऊँगी। हम, तुम और छोटी भाभी—बस तीन जने।

समर : क्यों प्रभा कह रही थी क्या ?

मुन्नी : हाँ कह रही थी, उसे पिछली बार भी नहीं ले गए।

समर : क्या ?

मुन्नी : ले चलोगे कि नहीं, बताओ ?

समर चुप है...मुन्नी समर के पास आती है—

मुन्नी : बताओ न भैया, ले चलोगे...*(वह उसका हाथ पकड़ती है)* चलोगे न, भैया...

समर उसकी ओर मुस्कराता है...मुन्नी खुशी से भाग जाती है—समर मुस्कराता हुआ उस जगह आता है जहाँ एक सुराही रखी हुई है—वह पानी पीता है...

91. दिन : बैठकखाना

एक लगभग 35 वर्ष का काला अजनबी बैठकखाने में बैठा चाय पी रहा है—उसके सामने कुछ मिठाइयाँ हैं—पिता और समर का बड़ा भाई पास में हैं—पिता इधर-से-उधर चल रहे हैं।

पिता : कहाँ थे इतने दिन...कितनी चिट्ठियाँ लिखीं, एक का भी जवाब नहीं दिया...

बड़ा भाई : मैं गया भी था घर पर, लेकिन सुना घर छोड़कर दूसरे शहर चले गए हो...

अजनबी बेवकूफी से हँसता है...

अजनबी : अब क्या बताऊँ—नौकरी के चक्कर में मारा-मारा फिरता रहा था। इसीलिए मुन्नी को नहीं ले जा सका—कल फिर जाना

है।

पिता चकित होकर उसकी तरफ मुड़ते है...

पिता : कल !

92. दिन (या रात) : एक कमरा

माँ लगभग चीख रही है...

: कुछ बताओगे भी कि चले आए, कल मुन्नी जाएगी। ऐसी क्या आफत आ पड़ी निपूते पर...दो साल से कौन-सी मक्खी छींक गई थी।

पिता माँ के पास चारपाई पर बैठ जाता है...समर, अमर, बड़ा भाई और मुन्नी लालटेन के इर्द-गिर्द बैठे हैं (यदि रात है)। भाभी घूँघट डाले अपने बच्चे को लेकर दरवाज़े के पास खड़ी है...

प्रभा नगण्य-सी एक कोने में दिखाई देती है...

पिता : भई, अब वह मुन्नी को लेने आया है। आखिर है तो उसका पति ही। बहुत माफी माँग रहा है। कह रहा है जो बिरादरी का दंड होगा, भरेगा।

माँ : उस चुड़ैल का क्या हुआ ?

पिता : उस चुड़ैल की नज़र से ही तो अकल आई है। पाँच-छह महीने हुए सब कपड़े-जेवर समेटकर भाग गई। पता नहीं, उसके बहकावे में आकर अकल कहाँ चरने चली गई थी ?

माँ : गई थी तेरी अम्मा के पीहर।

अमर : अब अपनी पड़ी है तो आए हैं लाट साहब। बाबूजी तुम भी मत भेजना मुन्नी को।

माँ : ऐसे आदमी का क्या ठिकाना है। कल किसी और के बहकावे में आ जाएगा। मैं नहीं भेजती अपनी लड़की को। पहले ही अधमरी करके भेजा है...

पिता : भई, वह क़सम खा रहा है...बातों से भी लगता है कि अब समझ आ गई। कोई ज़िन्दगी भर थोड़ी ही गलतियाँ करता रहता है ?

माँ : तुम्हारी बातों का क्या ? जिसने जैसा समझा दिया वैसा ही

मान गए।

पिता : बस यही बात तुम्हारी मुझे बुरी लगती है। समझती तो ख़ाक नहीं हो और बस अपनी गाए जाती हो। कभी दूसरे की भी तो सुना करो। आख़िर आया तो खुद ही है। बातों से भी पता चलता है कि काफी पछतावा है। और तंग-वंग नहीं करेगा। मुन्नी को क्या ज़िन्दगी भर यहीं बिठा रखना है। अपने यहाँ रहेगी, घर-गिरस्ती सँभालेगी।...हम लोग भी आख़िर कब तक रखेंगे ?

मुन्नी रो पड़ती है...वह अपने को रोकना चाहती है पर कर नहीं पाती—समर मुन्नी के पास है—वह दिलासा देने की कोशिश करता है...?

समर : क्या बात है मुन्नी ? क्या बात है बताना...

मुन्नी अपनी सिसकियाँ रोक नहीं पाती है...बड़ा भाई अब कहता है...

बड़ा भाई : कुछ बात भी तो बता मुँह से...

बड़ी मुश्किल से रोते हुए मुन्नी कुछ कह पाती है...

मुन्नी : बाबूजी मुझे मार डालो, मेरा गला घोंट दो। मुझे वहाँ मत भेजो, मुझे वहाँ मत भेजो बाबूजी। मैं वहाँ मर जाऊँगी। मैं तुम्हारे हाथ जोड़ती हूँ...पाँव पड़ती हूँ...

मुन्नी आगे आती है और पिता के पाँवों पर पड़ जाती है और उन्हें पकड़ लेती है...सारा समय रोती रहती है...अमर रोना शुरू कर देता है...समर की आँखें भर आती हैं—पिता खींचकर उसे अपनी गोद के पास लाता है—वह खुलकर रो रही है...

पिता : यह क्या कर रही है बेटी ?

अपने को रोकने के लिए मुन्नी पिता की कमीज़ अपने मुँह में ठूँस लेती है किन्तु अपने भावों पर काबू न पाने के कारण उसका शरीर काँप रहा है। पिता की आँखों में आँसू आ जाते हैं...

पिता : हम लोग कोई ग़ैर हैं ? तेरी भलाई हो वही करेंगे। चुप हो जा।

पिता रो पड़ता है...वह अपने पर काबू नहीं कर पाता—

मुन्नी को थपथपाता है...

93. दिन : गली

एक ताँगा खड़ा है—अजनबी उसमें बैठा हुआ है—माँ और भाभी दरवाज़े पर खड़ी हैं, दोनों दुखी दिखाई दे रही हैं...प्रभा मुन्नी को लेकर आती है, जुदा होने के पहले वह बुरी तरह रोती है...समर मुन्नी को हटा लेता है और उसे ताँगे तक ले जाता है, चढ़ने के पहले वह समर से लिपट जाती है—समर उसे दिलासा देता है...मुन्नी किसी तरह कह पाती है...

मुन्नी : भैया, भाभी से बोलना, उन्होंने कुछ भी नहीं किया...

समर मुन्नी को ताँगे में उसके पति के पास बैठने में मदद करता है। समर आगे की तरफ बैठता है...ताँगा चल देता है...वह दरवाज़े से दूर और दूर चला जाता है...

(डिज़ाल्व)

94. दिन : दिवाकर का घर

समर और दिवाकर कमरे में आते हैं—वह किताबें लापरवाही के साथ मेज पर फेंक देता है और खुद को सोफे पर...

दिवाकर : चल यार, जान छूटी—बस पास हो जाऊँ—फिर पढ़ाई-लिखाई को गुड बाई...

समर बैठ जाता है...

समर : कम-से-कम एम.ए. तो पास कर ले।

दिवाकर : यह पढ़ाई की बात बन्द। चल डटकर सिनेमा देखेंगे। आज ही। महीनों हो गए कोई सिनेमा नहीं देखा। यह भी कोई ज़िन्दगी है...किरण को भी ले चलेंगे। बेचारी को न जाने कब से सिनेमा देखने को नहीं मिला। सोचती होगी, अच्छी कुएँ में आ फँसी। हमारी अम्मा भी खूब है। इन बातों में ध्यान ही नहीं देतीं।

समर बेचैन है, वह एक किताब उठाता है—दिवाकर उसे

छीन लेता है और अलमारी में रख देता है...

दिवाकर : खबरदार जो किताबों को हाथ लगाया तो। ठीक वक्त पर आ जाना यहाँ। सिनेमा के बाद खाना भी यहीं खाएँगे।

किरण दरवाज़ा खोलती है और चाय आदि लेकर आती है...

दिवाकर : अब बस किरण जी का ही राज है...बीच में नाराज हो गई थीं कि पढ़ाई ही हमारे लिए सब कुछ है और ये तो कुछ हैं ही नहीं।...सो अब हम चौबीसों घंटे इन्हीं की खिदमत में हैं।

किरण : क्या ऊल-जलूल बकते रहते हो हमेशा...

दिवाकर हँसता है और चाय का प्याला लेता है, समर भी लेता है...

दिवाकर : अरे हाँ, ये कई बार मुझसे कह चुकी हैं कि तुम अपनी वाईफ को हमारे यहाँ क्यों नहीं लाते ? अच्छा किरण जी, एक दिन इनकी दावत रखो। तब लाएँगे भाभी जी को।

किरण दिवाकर का साथ देती है...

समर को उलझन हो रही है...वह अचानक कहता है...

समर : वह, वह तो अपने घर है। इस बार आएगी तो ज़रूर ले आऊँगा। अब मैं चलता हूँ...

95. शाम : समर का कमरा

प्रभा खिड़की के सामने—एक चूड़ीवाला सड़क से गुज़र रहा है—एक ताँगा जा रहा है, उसमें पति, पत्नी और एक बच्चा है...प्रभा मुन्नी को याद करती है...मुन्नी के शब्द...

—भाभी, हम दोनों इतवार को सिनेमा जाएँगे, भैया ले जाएँगे...

प्रभा खिड़की छोड़ देती है और कमरे में आ जाती है—वह कमरे को ठीक-ठाक करके चली जाती है...वह अपना चेहरा और आँसू पोंछती है...

96. रात : सिनेमाघर

समर, दिवाकर और किरण एक सिनेमा घर में बैठे हैं—शो चल रहा है—समर खोया हुआ है—उसके पास बैठे दिवाकर को फि ल्म से ज्यादा दिलचस्पी किरण से बात करने में है—दिवाकर कभी-कभी हँसता है—समर बैठने का अन्दाज़ बदलता है—फि ल्म के कुछ दृश्य...समर दिवाकर की तरफ देखता है...दिवाकर अपनी पत्नी से बात कर रहा है...

97. दिवाकर का घर

समर कमरे में आता है—दिवाकर अंगड़ाई लेता है और समर के स्वागत में दरवाज़ा खोलता है...

दिवाकर : अबे, रात के ग्यारह बजे गया और सुबह ही आ धमका...

दिवाकर अन्दर के कमरे की तरफ देखता है और कहता है

दिवाकर : तेरी बीवी तो मैके में है, बीवीवालों के आराम से क्यों जलता है ?

समर मुस्कराए बिना रह नहीं पाता।

समर : चला जाऊँ ? निकलकर तो देख कितना दिन चढ़ आया है ?

दिवाकर अपने कमरे का दरवाज़ा बन्द करता है।

दिवाकर : चढ़ने दे दिन को, उसका काम ही यही है। इम्तहान में इतना पिले हैं, अब ज़रा आराम भी न करें। बीवीवाले हैं, तेरी तरह नहीं। किरण कुछ चाय-वाय ले आओ। तू तो आराम का दुश्मन है। अभी से थर्ड ईयर की किताबें घोंटनी शुरू कर दी होंगी।

दिवाकर एक सिगरेट निकालता है और उसे जलाता है—सिगरेट पी रहा है—

समर : नहीं दिवाकर, अब मैं आगे नहीं पढ़ूँगा...कोई अच्छी नौकरी मिल जाए तो कर लूँगा...

दिवाकर हँसता है और धुआँ फेंकता है।

दिवाकर : सुना किरण जी, हमारे समर साहब सिनेमा के डायलॉग बोल

रहे हैं—जल्दी यहाँ बाहर आओ। अरे म्याँ, चोटी फटकारो और मस्त रहो। नौकरी करने के लिए तो ज़िन्दगी पड़ी है।

किरण अपनी साड़ी से हाथ पोंछती हुई कमरे में आती है—वह दिवाकर की तरफ मुस्कराकर देखती है—

किरण : फिर शुरू हो गए ? बड़े आए मस्तीवाले...

दिवाकर : अरे, पहली ही तो है।

किरण : कह दूँगी अम्माजी से अभी। समर भाई साहब पीते हैं कभी ? समर भाई साहब क्या कह रहे हैं सुनो।

दिवाकर समर्पण कर देता है। सिगरेट फेंक देता है। किरण बैठ जाती है।

किरण : क्या बात हो गई...

समर : मैं कुछ नहीं कह रहा। कल का सिनेमा कैसा लगा ?

दिवाकर : सिनेमा तो घर आकर हुआ—अम्माजी मुँह फुलाए बैठी थीं।

किरण : कहाँ तक दिन-रात मरें...दो महीने में एक बार सिनेमा गए हैं, उसमें भी वो नाराज़ हों तो कोई क्या करे ?

दिवाकर : *(चिढाते हुए)* चलो आज एक और पिक्चर चलते हैं।

समर उनकी बातचीत की अनौपचारिकता देखकर चकित है...किरण को अचानक खुशी महसूस होती है।

किरण : पिक्चर नहीं—चलो, बहुत दिनों से नुमायश लगी हुई है।

दिवाकर : *(हँसता है) (समर से)* यह लो,

वह सिगरेट निकालता है।

किरण : चलो ना ?

दिवाकर : और अम्मा ?

किरण : तुम राज़ी करवा लेना। *(समर से)* आप भी चलिए।

दिवाकर : अब मैं एक सिगरेट पी लूँ।

सब हँसते हैं।

97 A. घर का प्रवेशद्वार

समर घर में घुसता है—माँ की किसी को डाँटने की आवाज़ सुनाई देती है...

माँ : और कोई जगह नहीं मिली दाल बीनने की...

98. दिन : आँगन

प्रभा थाली भर दाल बीन रही है—वह नीचे देख रही है और अपना काम यन्त्रवत कर रही है—माँ उसके पास खड़ी है...

माँ : और कोई जगह नहीं मिली दाल बीनने की—दाल उस खिड़की पर ही बिनेगी। गूँगी की तरह मनहूस-सी घूमती फिरे। वहाँ खिड़की पर तेरा कौन बैठा है ? हमें भी तो बता। कौन है तेरा वहाँ ?

प्रभा एक बार के लिए अपना काम भूल जाती है और माँ की तरफ देखती है जैसे उसे प्रतिवाद करना है, लेकिन फिर अपना सर झुका लेती है और अपने काम में लगी रहती है...समर घर के बाहर चला जाता है—भाभी आती है। बच्चे को माँ को देते हुए कहती है...

भाभी : लो अम्माजी...तुम क्यों अपना खून जलाओ।

माँ : *(बच्चे को लेते हुए)* खून न जलाऊँ तो क्या करूँ? इन्हीं लक्खनों के मारे ख़सम देखता तक नहीं। गरम दूध मरा न निगलने का न उगलने का।

माँ चली जाती है...भाभी प्रभा के पास बैठ जाती है।

भाभी : तू मरी कब तक गालियाँ खाती रहेगी ? क्यों बैठा करे वहाँ ?

भाभी भी प्रभा की मदद करती है...प्रभा चुप है...

99. रात : समर का कमरा

दरवाज़ा खुलता है...समर थका हुआ कमरे में आता है—वह लालटेन की बत्ती बढ़ाता है—कमरा रोशन हो जाता है—आज उसका खाना हमेशावाली जगह पर नहीं है—पानी भरा ग्लास भी नहीं है—बिस्तर भी तैयार नहीं है—वह चरपाई सीधी करता है—उसके ऊपर कुछ रखकर फैलाता है और लेट जाता है...

समर बिस्तर में बेचैन है—वह पलटता है और सोने की

कोशिश करता है—असफल रहता है—वह उठकर थोड़ी देर बिस्तर पर बैठता है—उठ खड़ा होता है और बाहर चला जाता है...

100. रात : छत

समर छत पर आता है—वह किसी को दीवार के पास बैठा पाता है—वह बैठे हुए व्यक्ति के पास जाता है—वह प्रभा है—वह उसके पास से निकल जाता है और सुराही से एक ग्लास पानी लेता है—वह लौटकर फिर प्रभा के पास से निकलता है—वह सिसकियाँ भर रही है—वह जीने से नीचे चला जाता है...

101. रात : जीना

जीने से उतरते वक्त समर रुकता है जैसे वापस जाना चाहता है—लेकिन वह जीने से नीचे चला जाता है...

102. रात : समर का कमरा

समर अपने बिस्तर पर फिर लेट जाता है—पर नींद नहीं आती—वह आँख खोलकर लेटा रहता है...जो सिनेमा उसने देखा है उसके कुछ दृश्य दिमाग में निम्नलिखित आवाज़ों के साथ मिलकर आते हैं...

मुन्नी के शब्द : हम, तुम और छोटी भाभी, सिर्फ तीन जने जाएँगे सिनेमा।

उसके अपने शब्द : वह...वह तो अपने घर है...अब के आएगी तो ज़रूर मिलाऊँगा...

मुन्नी का आग्रह : भैया, भाभी से बोलना...भैया भाभी से बोलना।

यह सब आवाज़ें एक के बाद एक गड्ड-मड्ड होकर उत्तरोत्तर ऊँचे स्वर में आती हैं—समर उठ जाता है और दरवाज़े तक आता है—वह उसे खोलता है और रुक जाता है।

103. रात : छत

समर छत पर फिर आता है—प्रभा वहीं बैठी है जहाँ वह पहले बैठकर सिसक रही थी—समर चलकर प्रभा तक जाता है और उसके पास खड़ा हो जाता है। प्रभा बैठी रहती है और रुक-रुककर सुबक रही है—समर अपना हाथ उसे छूने के लिए बढ़ाता है फिर खींच लेता है—वह पलट जाता है और चले जाने के लिए सोच रहा है लेकिन फिर पलटता है और फटी आवाज़ में बोलता है...

समर : आधी रात में यहाँ क्या कर रही हो...

वह समर की ओर देखती है—उसकी आँखें गीली और फैली हैं—वह फिर नीचे देखती है और अपनी बाँहों में सर छुपा लेती है...सिसकियाँ भरती है...

समर : सुबह रो लेना...अब रात काफी हो गई है...

वह फिर ऊपर देखती है, उसकी आँखों में आँसू भरे हैं...वह कहती है...

प्रभा : आपको क्या है, आप जाकर सोइए न...छह महीने हो गए कभी आपको चिन्ता हुई मेरी ? अब ऐसी क्या ज़रूरत आ पड़ी। आप जाकर सोइए...

समर को समझ में नहीं आता कि वह क्या करे—वह अपनी उँगलियों से अपनी हथेली दबाता है—वह उत्तेजित हो जाता है—वह अचानक उसके सामने बैठ जाता है—उसका कन्धा पकड़कर टूटी आवाज़ में पूछता है—

समर : प्रभा, तुम मुझसे बहुत नाराज़ हो।

वह अचानक दोनों हाथों से समर को पकड़कर हिलाते हुए कहती है...

प्रभा : मुझे बताओ, मैंने तुम्हारा क्या बिगाड़ा है, क्या कसूर किया है मैंने तुम्हारा ? मैं तुम्हें पसन्द नहीं हूँ तो गला घोंट दो मेरा, मैं चूँ तक नहीं करूँगी...लेकिन मुझे बताओ तो सही... बताओ तो सही।

और वह रोना शुरू कर देती है—समर उससे लिपट जाता है—वह भी समर का आलिंगन करती है। वह अपना रोना

रोकने की कोशिश करती है लेकिन उसके भाव बेकाबू रहते हैं—वह बेकाबू होकर रोती है—समर को पश्चाताप महसूस होता है—उसको चाँटा मारनेवाली घटना कौंधकर उसके दिमाग़ में आ जाती है—समर उसे अपने से अलग करके उसका चेहरा अपने हाथों में लेता है—वह उसके गाल की तरफ देखता है—वह उसे फिर आलिंगबद्ध करता है—कुछ समय के लिए वे वैसे ही रहते हैं—फिर समर बहुत धीरे-धीरे पूछता है...

समर : प्रभा।

समर प्रभा का चेहरा अपने चेहरे पर रखता है—प्रभा उसकी तरफ देखती है...

समर : एक बात पूँछूँ ?

प्रभा : पूछिए...

समर : आज यहाँ बैठकर क्यों रो रही हो, तुम शादी की रात बोली क्यों नहीं...?

प्रभा अपना सर उसके कन्धे पर रखती है और चुप रहती है...

समर : प्रभा !

प्रभा कुछ नहीं कहती।

समर : बोलो न...

प्रभा : छोड़ो भी उन बातों को दुहराने से अब क्या फायदा...क़िस्मत में लिखा था हो गया।

समर फिर उसके चेहरे को अपने चेहरे के सामने रखता है और अपने हाथ उसके कन्धों पर रखता है...

समर : बताओ न प्रभा, इतनी बार पूछ रहे हैं...

प्रभा टुकुर-टुकुर समर को देखती है, फिर अपना चेहरा पलटकर कहती है...

प्रभा : इतना जलाकर ज़रा-सा पूछ भी लिया तो क्या हुआ ?

समर अपना सर झुका लेता है—प्रभा उसकी तरफ देखती है और कहती है...

प्रभा : कई दिनों से जागने की थकान थी, तबीयत तो उदास थी ही...ज़रा-ज़रा-सी देर के बाद घर की याद आती थी...फिर

मुन्नी बीबी ने अपना किस्सा सुनाया तो मन और भी बेचैन हो गया...उस दिन खिड़की से देखा, घर की बहू जल मरी...क्या बातें करती आपसे...।

ख़ामोशी। समर प्रभा की ओर देखता है और उसका एक कन्धा पकड़कर पूछता है...

समर : यहाँ बैठी क्यों रो रही हो...

प्रभा : रोऊँगी नहीं। इतने दिन सब चुपचाप सहा—दहेज नहीं लाई, कपड़े-लत्ते नहीं लाई, यह हूँ...वह हूँ...पर चरित्र पर किसी ने उँगली नहीं उठाई...पर आज अम्माजी ने...एक बार तो मन में आया शादी की रातवाली उस बहू की तरह जल मरूँ...

समर फिर उसे आलिंगनबद्ध करता है...प्रभा आलिंगन में है, पूछती है...

प्रभा : अब मैं भी पूँछूँ...

समर : नहीं प्रभा...नहीं...कुछ मत बोलो, मैं सब जानता हूँ, बिना बताए जानता हूँ...

प्रभा : बताओ मैंने क्या किया है ?

समर : किसी ने कुछ नहीं किया। मैंने-तुमने किसी ने कुछ नहीं किया...न ही किसी की ग़लती है, शायद मेरी हो...जो हो गया उसे भूल जाओ।

ख़ामोशी।

प्रभा : मेरी चिट्ठियों का जवाब भी नहीं दिया...

समर उसका चेहरा अपने सामने लाता है।

समर : कौन-सी चिट्ठी... ?

प्रभा : मैंने घर से लिखी थी...

समर को कुछ समझ में नहीं आता है—उसे कोई चिट्ठी नहीं मिली थी। वह धीरे-धीरे प्रभा का सर अपने सीने पर रख लेता है—प्रभा अपनी आँखें बन्द कर लेती है—तनिक-सी देर में वह सो जाती है—एक समय समर भी अपनी आँखें बन्द कर लेता है...

सुबह हो जाती है—पक्षियों के झुंड सुबह के आकाश में आ जाते हैं—प्रभा अपने को अलग करती है और अपनी

साड़ी सँवारती हुई खड़ी है—वह अपना चेहरा पोंछती है और जीने तक जाती है...वह आधा मुड़कर कहती है...

प्रभा : हमें एक पोस्टकार्ड ला दीजिए...बहुत दिनों से घर चिट्ठी नहीं लिखी...

वह जीने से उतर जाती है—समर अपना चेहरा घुमाकर फर्श पर लेट जाता है—उसके चेहरे पर सफलता की मुस्कान—ए३वह आसमान को देखता है...

आकाश : सुबह के सभी रंग अपने उभार पर हैं—पक्षियों के झुंड गुज़र रहे हैं...सारा आकाश...

●●●